路过你的青春

一个大学辅导员的春夏秋冬

郑思严◎著

路过你的青春 是我一生的荣光

别怕 做你肩膀 陪你成长

黑龙江大学出版社

HEILONGJIANG UNIVERSITY PRESS

哈尔滨

图书在版编目（CIP）数据

路过你的青春 ：一个大学辅导员的春夏秋冬 / 郑思
严著 . -- 哈尔滨 ：黑龙江大学出版社，2019.2（2022.8 重印）
ISBN 978-7-5686-0327-0

Ⅰ . ①路… Ⅱ . ①郑… Ⅲ . ①高等学校－辅导员－工
作－案例 Ⅳ . ① G645.1

中国版本图书馆 CIP 数据核字 (2019) 第 038222 号

路过你的青春——一个大学辅导员的春夏秋冬
LUGUO NI DE QINGCHUN——YI GE DAXUE FUDAOYUAN DE CHUNXIAQIUDONG
郑思严　著

责任编辑　于　丹　徐晓华
出版发行　黑龙江大学出版社
地　　址　哈尔滨市南岗区学府三道街 36 号
印　　刷　三河市佳星印装有限公司
开　　本　720 毫米 ×1000 毫米　1/16
印　　张　11.75
字　　数　156 千
版　　次　2019 年 2 月第 1 版
印　　次　2022 年 8 月第 2 次印刷
书　　号　ISBN 978-7-5686-0327-0
定　　价　47.00 元

前　言

路过你的青春

　　能为大学生们写一本书是我一直以来的愿望，这本书里要有他们的欢笑和泪水，要有他们的友情和爱情，要有他们的坚持和放弃。许多年过去以后，当我和我的学生们都垂垂老矣的时候，再次翻看这本小书一定会有别样的情感。如今这本书就近在咫尺了。

　　作为一名工作在最基层的辅导员老师，这些年，我和我的学生们一起经历了太多悲欣交集、令人难忘的瞬间。在每一个夜深人静的晚上，在婴孩的襁褓旁借着手机或者电脑微弱的亮光，我将自己工作中的一点一滴变成了文字，这一写就是3年。现在我郑重地把这本书推荐给所有的在校大学生，因为书中所讲的就是学生们身边最真实、最普通的故事，那些你已经走过的路或者将要走的路被思严老师一一展现在眼前。每个人都有不一样的人生轨迹，但除了标准答案以外，你还应该知道一些人生另外的可能。我还要郑重地把这本书推荐给所有同人。做辅导员工作如人饮水，冷暖自知，"白加黑""5＋2"的工作节奏是常态，24小时开机是多年来的职业习惯。我是这个队伍中最平凡的一员，6年从业生涯的苦辣甜酸只有真正扛起过这份责任的人才能理解。亲爱的同人，也许你在累了、倦了的时候偶然翻开这本小书，会感觉到一丝丝温暖涌上心头，做学生工作的幸福感和成就感会让你再次打起精神，投入到这场庇佑青春的"战役"中。谁没有年轻过？谁没有为了理想坚持过？谁没有为爱情犯过傻？我总是相信，不管岁月如何更迭，人类的有些情感亘古不变，变化的只不过是故事发生的场景和方式罢了。这本书里其实有所有人的青春。

我是一个平凡的人，做了一份普通的教育工作。6年时间里，我带过来自全国各地的1 000多名青年大学生，他们让我感受到尘世中另外一种深沉的爱与责任，私下里他们亲切地唤我"思严姐"。我无法忘记和他们一起度过的岁月。如今我把这些故事变成一行行铅字，让它们展现在更多的读者面前。书中的很多故事没有那么光鲜亮丽，为了保护学生们的隐私，我对涉及的姓名和个性化特征都做了模糊化处理。在处理学生问题时，我的方法也未必尽善尽美。这不是一本教科书式的案例集，我只能说这是一本最客观的青春写实，书中记录了在彼时彼刻我能想到的最好的引导、帮助他们的方法，也许不完美，但是真实独特。

一年四季，岁月更迭，我选择按照时间顺序来讲述这些青春故事。全书共分为5个篇章，分别是春季篇、夏季篇、秋季篇、冬季篇和读书篇，为各位读者全景式展示一名大学辅导员工作的一年四季。无论是在2015年开通了个人微信公众平台"校园嘚吧嘚"，还是2019年这本小书的问世，这一点一滴都是我和学生们共同成长的见证。我知道这条路我将一直走下去，很幸运恰巧路过你们的青春，微笑着陪伴你们度过那些迷茫、困惑、惆怅的岁月，最终慢慢走向成熟。

3年前我萌生要为学生们写一本书的念头。这3年里梦想终于渐渐照进了现实。我不是一个健谈的人，除了工作和读书，生活中鲜有其他趣味。新书要出版了，首先要感谢我的父母，是他们竭尽所能的帮助和扶持让我有一个安稳的生活环境，可以全身心地投入到工作之中。其次要感谢我所在的工作单位——佳木斯大学。作为一名军人的妻子，我确实要比一般女性承担更多的家庭责任，是工作团队的领导和同事们给了我极大的支持和包容，他们对待学生工作的热忱和坚守也时刻激励着我。最后要感谢我的学生们。在与他们相处的日日夜夜里，我不断感受着一名教育工作者的使命与荣光，那些含笑带泪的日子是一个人最为宝贵的人生记忆。更确切地说，如果没有我的学生们，也不会有今天的这本小书。

路过你的青春，陪你走过这一程风雨，人生不长，感谢我们彼此遇见。

思严老师

2019 年 2 月

目　　录

春季篇／1

"空姐乘网约车遇害案"后说说女同学的自我保护／3

后来，你们消失在人海／6

你想要的公平，无非是更加努力／9

清明时节，我想聊聊生死／11

目　　送／14

用阅读对抗世间的寒凉／17

大学生兼职，想说爱你不容易／19

来，咱们谈谈情，说说爱！／21

同龄人武大靖／24

消失的黑夜／26

友谊的小船，不会说翻就翻／28

谈钱不伤感情／30

你在遥远的地方发着光／32

长期早起是什么体验／34

夏季篇／37

唱一首不太悲伤的歌／39

毕业季，不说再见／42

在沉默的日子里歌唱 / 44

贵寝，学霸培养皿 or 学渣传送带 / 46

老师，我想入党 / 49

你爱过你的辅导员吗? / 52

我为什么总是针对你 / 54

那一年我们的高考 / 56

去往那有光的地方 / 58

如果负面情绪来袭…… / 62

我听说这是个看脸的时代 / 64

为什么你的英语四六级总是通不过 / 67

创业路漫漫 / 69

给你讲个笑话 / 72

专业不是恋人，犯不上灰心丧气 / 74

秋季篇 / 77

你好，少男少女! / 79

有个姑娘失恋了 / 81

多年的辅导员熬成姐 / 84

裹在记忆里的旧时光 / 86

我的孩子什么都不跟我说 / 88

哪有那么多好事等着你 / 90

如果承认自己弱，你就赢了 / 92

同学，还有比进卓越班更重要的事情 / 94

我把青春献给了你 / 97

我如果爱你 / 100

又是一年军训时 / 102

日子成诗，且听风吟 / 105

隐形的善良 / 107

也说"佛系青年" / 109

谢谢你，我的家！ / 113

当你三十岁的时候，你在想些什么 / 116

冬季篇 / 119

把悲伤留给自己 / 121

普通同学"赵大瓜" / 124

稳稳接住所有的意想不到 / 128

给最卑微的坚持 / 131

食在东北 / 133

哎哟喂，你的玻璃心 / 135

此去经年，还好有你 / 138

对旷课 say "no" / 141

关于考研的二三事 / 144

考研失利又奈你何 / 146

女生 VS 考研 / 148

"愤怒"的青年 / 151

知道你作弊了，我特想揍你 / 155

有多少人在不经意中被时代遗忘 / 159

读书篇 / 161

每一个小人物都有自己的波澜壮阔 / 163

我从历史中走来 / 166

王朔的《永失我爱》 / 169

你连自己都管不住，还想成为一个很厉害的人？ / 172

闲时读书之《红楼梦》 / 175

春季
CHUNJI PIAN 篇

"空姐乘网约车遇害案"后
说说女同学的自我保护

2018 年 5 月，震惊全国的"空姐乘网约车遇害案"终于告破，但那如花般的生命却永远地消失在了这个依然熙熙攘攘的世间，留给亲人的是此生无法消弭的悲伤。二十岁出头的姑娘，气质和相貌出众，也许直到生命的最后一刻她才认识到这世界也存在恶魔。难以想象彼时的她是多么无助与恐慌。

每一次新学期开学，我最关心的都是女生的返校情况：有没有准时返校？没有，那几点到校？坐了什么车？同行的人是谁？恨不得把所有细节都问一遍。一是出于职业本能，二是来自于心底的那份牵挂。大部分女生的生活环境单纯，从小被父母宠着，长辈爱着，高中毕业之前鲜有真正独立生活的经验。她们的成长过程中充满了阳光，亲人离世、考试失利、情感受挫，大概是她们经历过的最为刻骨铭心的悲伤事件了。对于"坏人"这一概念，很多人还只停留在网络上和电视机里的狰狞形象。然而在现实世界里，坏人是没有标签的，他们可能是我们意想不到的人，大家千万不要自以为是，先入为主。女生更应该及早建立自我保护意识。

女孩，请直面性骚扰。2016 年夏天的一个休息日，天气闷热难耐，我突然接到一个姑娘的电话。她在电话那边哭着说："老师，我在图书馆学习，去后院公园（我们学校图书馆旁边有个公园）背单词的时候遇见了一个暴露狂！老师，我好害怕！"我当即给学校保卫处打了电话，又紧接着向学校警务室报了案。类似的情况很多，公交、地铁上的"咸猪手"，偏僻之处的暴露狂等。同学们，面对类似情况，我要告诉你们三个字——不要怕！请迅速冷静下来。敢于实施这类猥亵行为的人多数都是心理上有巨大偏差的人，俗话称"心理变态"。面对"变态"，如果是近距离骚扰，我们可以利用手肘等部位和高跟鞋、背包等物品进行反击，向"变态"强调自己不可侵犯。如果"变态"依然不收手，那么请在公共场合大声呵斥，寻求公众帮助。如果是远距离骚扰，比如遇见了偏僻之处的暴露狂，也请高声呵斥，然后抓紧时间往人多热闹处跑。如果不是精神出现问题，这类人一般不会穷追不舍。大部分性骚扰的受害者都是女性，她们或多或少受中国传统文化中女性贞洁观的影响，受到侵害后心理上会难受、委屈，其实这大可不必。作为受害者，我们更应该做的是总结经验，及时报案，用科学的方法保护和武装自己。别人伤害了我们，我们不能人为地让自己受到二次伤害。

女孩，不是万不得已，尽量不要一个人走夜路。我查过一些资料，单身女性一个人走夜路，时间段大致在22点到次日凌晨5点之间，被尾随、被猥亵的求助信息最多。我个人建议：不管你们勤工俭学的地方要求几点下班，请拒绝在21点以后下班，平时也不要在21点以后独自出行。这世界上再多的爱恨情仇在自身安全面前都显得微不足道，不管你是和男朋友吵架负气，还是因考试失利觉得前途无望，都不要在夜晚独自出来看月亮。如果不幸遇到危险，发现被尾随，请迅速往照明好的地方移动，并打电话寻求帮助。倘若时间紧急，没有打电话的时机，也不要盲目和歹徒抵抗，必要时放弃手边财物，第一时间远离危险。

女孩，对于网上认识的朋友要谨慎。曾经，无论是约见微信好友，还是约见游戏中认识的"战友"，都被看成是颇为时尚的事情。青春期的姑娘也由此发出无限慨叹："看看，缘分真是妙不可言！"同学们，和你朝夕相处的朋友尚且需要一段时间才能判断真伪，更何况是"摇"来的"天外来客"。如果你的网友约你在夜晚见面，约你在敏感场所见面，约你喝饮料、吃东西，请拒绝，请拒绝！人不能总靠运气活着。

回过头说说打黑车。给大家讲一个真实的故事：有一年春节，一个姑娘要从哈尔滨到上海，彼时正值春运，直达的飞机票、火车票全部售罄。姑娘迫不得已，只得先坐动车到达天津，然后再坐飞机抵达上海。为了不让父母担心，她并没有把具体行程告诉亲人，可在此之前她只去过天津一次，这个城市对她来说是完全陌生的。是夜到达天津时已经过了23点，从火车站到天津滨海国际机场的班车早就没有了，为了赶飞机，她不得不半夜打了出租车。更可怕的是，由于整日的疲惫，她在出租车上睡着了。还好那天她遇到的司机不是坏人，真是万幸。那位司机只是在叫她下车的时候小小地惊诧了一下，估计是想这丫头的心可真大啊。这个姑娘就是我，那年我刚刚毕业。"空姐乘网约车遇害案"发生后，我一阵阵脊背发凉，觉得后怕。人生是一场单程票，往往一个节点就会改写一生的命运。独自一人乘车时要随时向家人汇报自己的行程，要记住车牌号。如果碰见违法者，后果不堪设想，即使万幸没有遇见危险，也要时刻注意安全，不要抱有侥幸心理。至于更多的乘车安全提示，网上有许多相关提示信息，在这里我就不赘述了。

同学们，网上有一句被用腻了的话——"你的善良必须有点锋芒"。虽然你们的心里住着天使，但也要知道这世界上有魔鬼存在。我希望你们幸福，希望你们学业有成、有才有貌，但我更希望你们能平安健康地走进更高的学府，走进美满的婚姻，走向人生的每一个重要节点。

后来，你们消失在人海

　　春暖花开的季节，万物复苏，北方的春季终于踱着步子慢吞吞地来了。小草开始泛绿，一池春水也活泛起来，微风拂动，池面皱起片片涟漪。路边的杏花不知何时开始争相盛开，人走在路上，心情莫名舒朗。

　　这原本该是个恋爱的季节，可学生失恋了，不是一对，是接二连三的好几对。

　　有刚刚毕业的。私底下一起喊了我四年"姐"的男孩和女孩毕业才几个月就分手了。电话那头的他们几度哽咽，断断续续地说："姐，我们分手了！"我感到诧异、愕然，一时语塞。几个月前小情侣们手挽手一起游走在校园角角落落的幸福场景好像还发生在昨天，当初的甜蜜羡煞旁人。然而人生没有剧本，原以为他们彼此的恩爱肯定会被传为日后的佳话，可他们还是伤感转身，留给这段感情一个凄清的背影。

　　也有刚进入大学的分手族。青春期的大男孩喝酒，暴瘦，情绪不佳。高中时代朦朦胧胧、甜掉牙的小幸福经不起异地恋的考验，曾经令人心驰神往、念念不忘的女孩子可能即将牵起别人的手，这份情愫百转千回，无处安放。我心疼学生，又无力帮忙，只能告诉他们：分手了谁都难过，但姿态还是要好看一点。

感情上的事怎么说也说不完，也说不清，生活中总是有太多无奈，无数的遗憾堆积成了现在的你我。2018年4月上映了一部电影，名叫《后来的我们》，据说电影院里涕泗横流的成年人大有人在。在我看来，可能电影倒未必真的有那么高的艺术水准，但每个成年人的心里都有一段青春，这个电影也许恰恰拨动了他们内心深处尘封的旋律。当那些藏在记忆里的或伤感或幸福的片段一一呈现在眼前的时候，自己的青春之旅往往要比大银幕上的情节更加令人动情。人生没有彩排，你以为错过的是一刻，其实后来才发现那一刻便是一生。

2018年的假期里，约了许久未见的毕业生一起吃饭。姑娘很优秀，人聪明，长得也好看，读大学的时候就是我们这个以男生为主的工科学院里一颗夺目的明星。毕业大半年，经过时光的历练，学生时代风风火火的急躁感也慢慢耗尽，反倒是多了一丝沉静和平和。我们说是师生，其实更像朋友。她看我最近瘦得厉害，问我要不要去检查一下身体。我笑着打趣道是因为她看惯了我胖胖的模样，我冷不丁恢复正常了，她不适应。我问她最近生活怎么样，告诉她别太好胜了，沉下心来做好自己就行。我们聊东聊西，毕竟她身边的朋友我也都比较熟悉，大学时代的每个人都有一箩筐糗事，我们边吃边笑，不亦乐乎。

吃到一半时我最终没能忍住，小心翼翼地问道："L还好吗？有联系吗？"她稍稍有些尴尬地愣了一下说："应该还好吧，没什么联系。"再一停顿，已经眼圈儿发红，泪水在眼眶里打转儿了。L是她大学时代的男朋友，也是我非常熟悉和欣赏的学生干部。姑娘很好强，骨子里有天生的倔强。得知他们分手后，我给她打过几次电话，她都是没说两句就哽咽起来，我不忍多问，对于他们的个人选择我也无能为力。有些情绪只能靠时间来消解，时间不足够长，任是什么灵丹妙药也无计可施。我给L打电话，他本是个讷言的人，遇到这个话题更是一言不发。我曾经满怀期待，想要参加他们未来的婚礼，现在只剩下一腔的落寞。不知道后来的他们，在挽起别人的手走入家庭生活之后，会不会在某一刻成为那些在电影院里痛哭的成年人，在黑暗中伤感一阵，走出那段回忆后，又进入纷繁的大千世界。生活依然火热，依然等待你去拥抱。我跟姑娘说："别多想，看缘分吧，先把自己的工作打理好。"

人要真实地面对自己，不躲避，不隐藏。如果你正沉浸在一段过往的情感伤害当中，那么你要勇敢地正视这种客观上存在的情感，尽量调节自己的负面情绪，不要问"为什么"，也不要说那么多"如果"。人生只有一张单程票，时光倒流这种事情只发生在科幻小说当中，当一切无可挽回的时候，照顾好自己，分手的姿态也要好看一点。你抱怨、宿醉、抽烟、痛哭流涕、在网吧熬夜的样子真是太糟糕了。你尽可以去泡图书馆，通过读书涵养精神，也许可以让你的情绪平稳一些；你也可以约上三五好友，来一次周末远足，在广阔的大自然里，你的小情感会变得微不足道；你还可以在寝室蒙头大睡，休息好了，人控制情绪的能力也会提高，至少不会让你太难受。

有一对结婚三十多年的老夫妻，一次因为一些家庭琐事吵得不可开交。阿姨怒气冲冲地要和叔叔分开，女儿的劝说她一点也听不进去。彼时，刚好当地下了一场雨，送女儿出门的时候，阿姨随口说了一句："别忘了把伞给你爸带回去，咱家就剩那一把了。"他们的女儿笑了，因为她知道他们是不会分开的。真正的爱也许就是这样，即使吵得天翻地覆，也还在惦记对方。没错，这对老夫妻就是我的父母。

希望你们也能拥有这样一个吵不散、打不黄、相濡以沫走一生的人。如果爱，请紧紧握住对方的手，人海茫茫，别走散。

你想要的公平，无非是更加努力

跟你们聊聊这个问题，这也是很多同学内心的困惑。

为什么他的父母理解他、包容他、爱护他，而我的爸妈却总说我这个不是，那个不是？

为什么我也努力学习，可成绩还是中等，而他每天玩玩乐乐就能考入班级前几名？

为什么我生在了偏僻闭塞的山区小村，而他却能衣食无忧，畅游祖国的山川大河？

这世界不公平！

之前有学生跟我说过类似的话，我知道这样的心态不对，但不知如何解释。看了一点书之后，好像想明白一点了。

我想到的结论是，这世间确实没有绝对的公平。生在哪个地方，接受什么样的家庭教育，拥有什么样的父母是不容自己选择的。西方哲学家说这是人的自然属性，中国人把它称为"命"。因为人人都有生育的权利，你就成为这个权利的衍生物。好的，欢迎你来到这个世界，你和别人的生存权利又是平等的，也就是西方人提倡的"人生而平等"。接下来的快乐或悲伤、幸福或不幸都暂且不说，总之你来了。

在政治哲学领域，美国有个非常有名的泰斗级人物叫罗尔斯，他用充满人文关怀的思想写了一本名为《正义论》的书。罗尔斯认为，一个好的制度或者说好的社会应该做到把一切属于人的正当权利和机会向所有人公开，只要能够让大家通过努力得到自己想要的自由、机会、收入和财富，那就是一个好的社会，至于能够得到多少，那就看你自身的努力程度了。比如说，因为我们的社会为大家提供了公平的受教育权利，所以衣食无忧、家境殷实的同学和家境窘迫、囊中羞涩的同学都走进了高等学府，这就是公平的。

　　想要的东西要通过自己努力去争取，不要抱怨自己，更不要抱怨父母，也不能简单粗暴地认为世界不公平。这世界很公平，它已经把该给的都给了我们。至于能从这杯羹里取多少，年轻人，那就要看你的了。

　　我还想说的是，罗尔斯还有一个观点。他知道这世界上总会有一些"弱势群体"，有些个体一出生就有先天性缺陷，或是肢体上的，或是智力上的。这就是不公吗？是，也不是。我们需要做的是，即使面对这些特殊群体，也要秉持一颗善心，在分社会资源这杯羹的时候，记得给他们也留一点。不管你们现在懂不懂，都请记住总有一天你会长大，你会成为这个社会的中流砥柱，当你进入工作岗位，某一天成为制度的决策者或执行者的时候，不要忘记这些特别的人，要给他们也分一杯羹。我觉得这才是为人的基本善良。制度看起来冷冰冰，实则带着温度。父母教你做一个对社会有用的人，大体也体现在这里，不作恶，多行善。

　　这篇文章也许对很多同学来说像我的梦吃，但我知道总有一天你会有体会，你会懂。

清明时节，我想聊聊生死

在我眼里，清明是一个非常风雅的节气，清风拂柳，细雨如烟，处处蛙声蝉鸣，一派清新景象。

小时候在乡下姥姥家，每逢清明，姥姥就会念叨着"清明前后，种瓜点豆"。出身旗人的她会在此时捧出亲手做的一罐豆汁儿，用满是皱纹的手抚摸着我的头说："胖丫头，咱们喝点豆汁儿应应节气吧。"在我的记忆里，清明节除了踏青，还有一件非常重要的事情——祭祖。很小的时候是陪着爸爸、叔叔们给爷爷扫墓，再后来墓里又住下了奶奶。我上大学的时候，从小照顾我长大、会在清明节给我盛一碗豆汁儿的姥姥也成了苍山翠柏间一座冰冷的墓碑。没过几年，疼爱我的二舅也走向了人生的尽头。唉！人活一世，渐渐地，需要祭拜的人越来越多，转眼间已为人母的我可以坦然接受这人事代谢。我知道，总有一天我的这身皮囊也会化为一抔泥土，成为物质转化的一环。这本是一件无喜无悲的事情，只不过对于中国人来说，死亡这件事情总是不愿被提及，在不得不说的时候，我们会用很多隐晦的代名词来表达，它仿佛总是与难言的悲伤和酸苦紧紧相连。

带学生这几年，接触过一些失去至亲的学生。每当学生跟我请假或者跟我说起这件事的时候，我的心也会跟着揪一下。他们还那么年轻就要经历生离死别之苦，每当此时，我都不免心生悲悯，总想跟他们说点什么，可话到嘴边又总是不知如何开口。也许作为一个外人，不碰触别人的伤痛也是对当事者的一种尊重吧。我不知道同学们是如何思考生死这个话题的，可能在如花的年岁里，你们根本无暇顾及这么严肃冷峻的事。你们的父母大多年轻能干，正值壮年。周围的同学、朋友大都是激素分泌旺盛的年纪，还有大把的青春可以享用。你们会说：老师，这件事离我们太遥远了。

生与死本身是一个哲学命题，无数大智慧的人终其一生都在寻找这个问题的终极答案。东西方哲学家对于这一命题也有种种不同的看法。我自知愚钝，并没有什么真正的思考结果，但是我总隐隐约约觉得一个人对死亡的看法往往决定了他选择用怎样的方式活着。《钢铁是怎样炼成的》中保尔的死亡观是那句耳熟能详的至理名言："人最宝贵的是生命，人的生命只有一次。一个人的一生应当这样度过：当他回忆往事的时候，他不因虚度年华而悔恨，也不因碌碌无为而羞耻；在临死的时候，他能够说：'我的整个生命和全部精力，都已献给世界上最壮丽的事业——为人类的解放而斗争。'"大多数中国孩子都能朗朗诵出这一段文字。这样的死亡观也是作者奥斯特洛夫斯基想要表达的，也正是在这种信念的支撑下，他在异常艰难的处境中依然坚持完成了《钢铁是怎样炼成的》这部伟大的巨著。

每个人都有独立的精神世界。我喜欢和学生交流，最基本的原则是彼此尊重，成年人不应该因为自己身为父母或师长就向孩子或学生强行灌输自己的价值观，这是不人道的。最好的教育应该是面目温和，语调平静，润物细无声。如何看待死亡呢？你们二十多岁了，这个问题真的应该适当想想了。很多"鸡汤文"里提倡"要把活着的每一天当作最后一天过"。于我而言，这太理想化。如果人一直这样想，不是会不思进取，就是容易陷入急功近利的泥潭。生老病死本是自然规律，正是因为知道生命有尽，死亡往往不期而至，我们才更应该珍惜现在的每一天，努力用每一分每一秒爱自己、爱亲人、爱身边的人，不会把时间浪费在无意义的凡俗琐事和钩心斗角上，在自己的极限里活出属于自己的生命价值和尊严。我想这才是一个人努力生活的底线。

不知大家读没读过陈毅将军的《梅岭三章》。1934年，中央红军主力开始长征，将军带领的部队奉命在中央苏区突围，但是战争形势突变，他们不得不在和中央失去联系的情况下进行了三年游击战争。在一次战斗中，我军被敌人包围了二十多天。我想当时的情形应该可以用弹尽粮绝来形容了。将军可能也觉得自己这次是在劫难逃了，于是写出"绝笔"诗——《梅岭三章》。其中让我记忆比较深刻的是前两句："断头今日意如何，创业艰难百战多。此去泉台招旧部，旌旗十万斩阎罗。"革命家就是革命家，在生命受到威胁的情况下，他还想着要在地下召集旧部扫平黑暗势力，让人不得不佩服伟人的气概和胸襟。

目　　送

　　我们可能都有过离家的经历，也许是为了一份学业、一份工作或者一份爱情。但是不管走多远，家中父母牵挂的目光就像是一条无形的线，永远割舍不断。本文截取了我工作中的一个片段，虽平淡无奇，但是却令人心动。

　　学生小野一直是一个让我很头疼的孩子，旷课、抽烟、酗酒、校外租房、考试作弊，我能想到的违反校规校纪的事，他好像都做了一遍。有一次，他连续两天旷课，我打电话给他，他却心不在焉地告诉我，他在大连参加某产品的推介会。当时我脑袋"嗡"的一下，第一反应是他进传销组织了。随后我赶紧给他母亲打电话说明这个情况。他母亲声音低沉，叹着气说："我立刻给他打电话，让他回来。老师你放心！"和他母亲联系不是一次两次了，简单知道一些小野的家庭情况。父母早年离异，他和母亲一起生活，母亲是一家国企的工人，家境中等。可能是由于这样的家庭情况，小野总想着能早点独立，结果在大学里反复折腾，把自己的生活弄得支离破碎。这次又发生了这样的事情，我觉得有必要和她母亲见一面，好好谈谈。

　　两天后的一个下午，办公室里人来人往，异常忙碌，从门口柜子的一角探出了一个人，是小野。他朝我摆摆手："老师，你过来一下呗。"这几天我一直在惦记他，虽然一直保持联系，但是学生一刻不在校，我就一直放不下心，这感觉就像是孩子晚上没回家一样。这种又气又恨的情绪让我想抡起拳头打他两下。他苦笑着说："老师，我知道错了。我妈来了，她在楼下，我觉得自己做的事很丢人，没让她上来。老师，我再也不敢了。"我赶紧让小野把他妈妈领上来。

小野的母亲是典型中年大姐的模样，看着很亲切。也许是路途劳累，她的脸色有些苍白，头发也稍许凌乱。那时学生们都去上课了，办公室安静下来，我给她倒了杯水，三月的暖阳照在我们的身上，谈话的氛围很好。我慢慢讲起了小野入学以来的所有在校表现：旷课成了家常便饭，多科考试成绩亮红灯，在寝室抽烟成瘾，还经常跟一些所谓的"朋友"到外面吃吃喝喝。说话间，小野的母亲不断叹气，不断回望站在她身旁的小野。小野一直低着头不敢看母亲，他戴着鸭舌帽，我看不到他的表情。大概过了二十分钟，我觉得自己终于把知道的情况跟他母亲说完了，我发现她的眼角有泪。她轻轻地拉着我的手说："郑老师，实在抱歉，我不知道孩子在学校给你们添了这么多麻烦。你也知道我们的家庭情况，他爸爸现在身体不好，也不能过多照顾他。这么多年来我一个人拉扯他，也可能是我的教育方法不好，没想到他在学校闯了这么多祸。我的想法是，无论如何我都想让他坚持把书念完。如果学校允许，我愿意来这儿陪读。他这个样子，是得好好管一管了。"听她这么一说，我的心也有点软了，我把学校的规定告诉了她，又让小野写了一份检查和保证书。接下来的事情，要看小野今后的在校表现了。

把他们送出门的时候，学院里已经响起了悠扬的下课铃声，他们母子俩相互搀扶着，穿梭在来来往往的学生中间。我一晃神，心想可能这许多年他们都是这样走过来的。当晚，我在朋友圈里看到小野发了一张他和母亲的合影，文字是"愿妈妈永远健康快乐"，我默默地原谅了他。我一直固执地认为，一个懂得疼惜父母的人应该还有挽救的可能。剩下的路看他的了。

同学，努力吧！你过得好，不仅仅是为了你自己，更是为了所有真心爱你的亲人，为了让那些在人生这场目送中远远望着你的人能够安心幸福地看你转弯，不留遗憾。

用阅读对抗世间的寒凉

借着学校开展"书香校园"活动，我有幸听过著名作家赵柏田老师的一场讲座。其中有一段内容让我感触很深。赵老师说他的爷爷是一个早年间走街串巷的糖人艺人，晚年返乡，在每个风清气朗的日子里，老爷子都会斟一杯米酒，然后手捧一本《红楼梦》，眯缝着眼睛仔细品读，神情中满是从容和满足。赵老师没有想到，没有受过多少教育的爷爷会选择这种方式颐养天年。听到这里，我不禁想起了自己每天晚上的读书时间。孩子睡下，夜阑人静，同样是泡一杯花茶，摊开手头正在看的一本书，那份闲适和放松能够瞬间化解白天工作和生活上的压力。此种读书大约无关考试、升学、名利，仅仅是因为内心的欢喜。在享受阅读的那一刻，我同赵老师提到的老人一样，是在享受着生命体本身的平静。我想，虽然横跨时空，但是古今的爱书之人大抵都是一样的心情。

网络时代，大家常常揶揄朋友或者自嘲说"人丑就该多读书"。年华易逝，再好看的容颜也经不住岁月的无情洗刷，皱纹会不可避免地爬上额头。而一个精致的灵魂却会历久弥新，永远在岁月中闪烁着光华。

我国著名的文学家杨绛先生，从照片上看，身材瘦弱，貌不出众，然而她的眼神永远是明亮有神的，她的表情永远是淡然优雅的。杨绛先生的美是书香里浸润出来的，这种美超越了岁月的剥蚀和年龄的限制。杨先生在 93 岁的时候写了《我们仨》，用以怀念离世的丈夫钱锺书和女儿钱瑗，书中将有关一家三口的一件件小事用梦境的方式娓娓道来，虚虚实实，让人读来动容。"迎面的寒风，直往我胸口的窟窿里灌。我痛不可忍，忙蹲下把那血肉模糊的东西揉成一团往胸口里塞。"老人是这样表达痛失丈夫和爱女的痛的，读到这儿的时候，读者自己的心也不禁一紧。

1973 年，北京郊区的某个牛棚里，深夜寒意袭人，一灯如豆。著名的学者顾准正在这昏黄的灯光下奋笔疾书。那时，他的朋友们纷纷背叛了他，他爱的孩子们无奈与他断绝关系，他的爱人在绝望之际自杀身亡。人在这个时候应该是走到了命运的断崖，进退无路了。然而读书人顾准却在此时开始了自己的写作。他没有太多的情绪表达，不痛哭哀歌，也不自戕、自暴、自弃。内心的沉痛全部付诸对学问的表达。这个读书人就是在这个时候完成了对自己的救赎。只要心灵之光未灭，一切就还有希望。

每年的 4 月 23 日是世界读书日。几乎大小媒体都在这一天宣传有关读书的内容，有的推荐书单，有的详解读书方法，还有的阐述读书的各种好处。我们在评价一件事情好坏的时候，通常会以能从中获得多少实际利益为标准。古人劝学时就曾说过"书中自有千钟粟，书中自有黄金屋，书中自有颜如玉"，如今希望通过读书能考试通关、扬名立万的也大有人在。这当然也无可厚非，但总觉得少了些滋味。

我们的国家在倡导"全民阅读"，我们的学校在建设"书香校园"。我真切地希望同学们能少用一点功利的心态去读书，要多读"无用"之书。因为这样你才能真正领略到阅读的乐趣。人生不如意事，十之八九。做一个温暖的人吧，在每一个失意的时刻，都能找到一丝智慧的火花来温暖内心。阅读能让你勇敢地对抗世间的寒凉。

大学生兼职，想说爱你不容易

我经常会收到很多学生的请假申请，理由当然是五花八门，其中一种就是要去做兼职。我把这里的兼职大体分为两种：第一种与专业知识关联较紧密，比如做家教、带托管班，这种时薪比较高；第二种与专业知识关联不紧密，比如送外卖、收快递，这种时薪比较低。

从实际情况看，其中有三分之二的学生并不是因为家庭经济情况窘迫才去做兼职，而是迫于目前不乐观的就业形势。学生们认为凡是和社会沾边的工作都是社会实践，他们都要去试试，没准就能在简历上添一笔，例如：大二学年曾在校外土豆粉店送快餐。然而我只想说一句血淋淋的实话，这样的社会实践经历除了能从侧面说明你勤劳以外起不到任何作用。同学，你的简历难道不应该给挑剔的 HR 传达更多的信息吗？优异的学习成绩、良好的团队合作能力、获得的比赛证书，抑或是组织、参加的各种社团活动，其中的任何一项可能都要比一个与专业无关的工作经历更博人眼球。

同学，如果你家庭经济情况一般，还不到必须要依靠自己的能力获得生活费的程度，那我劝你还是不要选择那些对自己的成长进步帮助不大的兼职，毕竟要付出的代价是你宝贵的青年时光。我们欣赏勤劳的人，也没有戴有色眼镜看待社会上任何普通的劳动者，也许我们的父辈就是靠着这样自强不息的精神供养了一家老小。但是目前的你能够选择更有效的生活方式，给自己甚至是家庭带来转机，为什么还不牢牢抓住这个机会呢？你总得明白，你的时间都花在了哪里。把时间用在学习上，哪怕得个校级奖学金都能抵得上自己重复简单的体力劳动二十几个小时，更别说得个国家奖学金了。按照我们学校大多数人的学费标准，两年的学费和给父母买礼物的钱是足够了。

话说回来，大学期间如果要兼职，请选择那些跟自己未来职业方向相关的工种。我抛砖引玉地说一下。师范类专业的同学可以去培训学校。一是掌握讲课节奏、授课方法，二是提早和学生接触，以免真正进入工作岗位时感到不知所措。语言类专业的同学可以在网上找一些字幕组或者联系一些翻译公司，锻炼自己的能力，体会一下专业人士的感觉。工科类专业的同学可以跟着老师、学长多做几个与专业相关的项目。同学，如果没有合适的兼职，那就直接回去学习、准备比赛、参加社团活动吧。毕竟你的青春年华是无价之宝，这么宝贵的时光里请你对自己负责吧。

来，咱们谈谈情，说说爱！

在这个草长莺飞的季节里，适合勤学读书早，同样也适合人约黄昏后。大家一边备好自己的"狗粮"，一边期待一场轰轰烈烈的校园爱情能早日来临。

我想起有一次参加活动，一个大一的女孩子有点忧郁又怯生生地问我："老师，你说喜欢上一个人是什么感觉？"一个20岁的姑娘问一个27岁的姑娘这个问题，真是刚刚好，我还没忘记恋爱的感觉。我想了一下，说："可能是心跳吧。"对，应该是的，就像小鹿乱撞的感觉，故作镇定，却方寸全无。这种吸引无关对方的家世、学历、房子、车子，就是简单的对个体本身的欣赏。我所在的学院男生居多，时至大三，有些学生已经成功脱单。我还发现，有几个令我非常头疼的学生居然能够老老实实按时上课，规律作息，成绩回稳。我打听一下才知道他们谈恋爱了。他们厌烦我的苦口婆心，但是对女朋友的话百依百顺。好吧，只要你们好就行。

恋爱虽然美好，但是也有闹心的时候，比如怎么确定你女朋友是真心喜欢你，比如怎么管好一个你觉得没那么上进的男朋友，比如异地恋的两个人到底能不能有结果，还比如你想退学出国，然而爱得死去活来的另一半怎么能放下。唉！"比如"太多，容我想想。

　　我们都是受理智和情感控制的，而恋爱本身就是一种情感的表达，越是在浓情蜜意的时候就越要提醒自己多保持理智。女孩子在恋爱中要自尊自爱，不要动不动就呵斥你的男朋友，人家也要面子；不要顿顿饭都让人家掏腰包，要知道吃了人家的嘴短；不要有事没事就让他在寝室楼下白白等几个小时，每个人的时间都是有价值的。将心比心，关心他要像他关心你一样。如果毫无节制地消耗他对你的爱，就算你是公主，好男孩也会望而却步。相互体谅，相互关心，爱情才会走得更远。还有，最重要的就是不要随意答应他的任何要求。记住我的话，对你有好处。

　　对于男同学来说，有了女朋友意味着多了一份责任，你更要学会包容，学会照顾。你要更加努力地学习，具备更好的专业素质；更加积极地参加社团活动，展现非凡的个人能力；更要注意自己的仪表，拥有更好的异性缘。为了避免毕业之后变成异地恋，请你练就能够让你的女朋友死心塌地跟你勇闯四方的人格魅力，同时培养能够立足于任何城市的过硬专业本领。生活毕竟是现实的，未来的旅程中你照顾不了她，自会有人照顾她。小伙子，你看着办吧。

　　这样看来，恋爱中的男生和女生压力都不小。然而还有更糟糕的，接触一段时间后，你发现你们的"三观"根本不一致，原来朦朦胧胧的好感早已消失殆尽。分手不可避免地到来了。经营一段感情，双方都付出了努力，然而如果你永远在原地踏步，却总是用过去的誓言去绑架对方，那么对两个人都不公平。恋爱的时候可以儿女情长，但是分手后千万不能英雄气短。请选择优雅地离开，给自己和对方都留下一份美好，毕竟在那一段时间里你们彼此温暖过。请不要伤害自己和曾经喜欢过的人。找个没人的地方，给妈妈打个电话，即使全世界都变了，她肯定依然最爱你。不好意思跟妈妈开口，跟我说说也行，我请你吃一碗牛肉面，加一头大蒜，直到大蒜把你辣得泪流满面，我不会告诉别人的。

　　最后，给大家提个醒儿：大学里不谈恋爱不丢人，换来换去才值得商量。象牙塔里的爱情很美，但是象牙塔里不仅有爱情，还有公共外语和线性代数。

在没有遇见另一半的时候，请好好爱自己，锻炼身体，多读书，只是为了有一天你可以昂首挺胸、笑容明媚地走过去说：嘿，我等得花儿都谢了！

同龄人武大靖

平昌冬季奥运会落幕之后，热度散去，我可以和同学们用一种更平和、更冷静的心态反观这场奥运盛宴中的点点滴滴了。对于中国人来说，武大靖夺冠绝对是这十几天以来最振奋人心的消息。

中国短道速滑队的平昌之旅就像是一部悲喜交加的正剧，这支中国冬奥代表团的王牌之师直到距离平昌冬奥会结束还有 3 天的时候还没有一枚金牌入账。全体中国人都太渴望一枚金牌的到来了。2 月 22 日下午，距离冬奥会结束还有 3 天，我们全家早早地打开电视机，等着看短道速滑男子 500 米决赛的现场直播。具备夺冠实力的武大靖要在这一项目中出征了。武大靖是 1994 年 7 月生人，和 2018 年刚刚毕业的学生年龄相仿，也可以说是很多在校生的同龄人了。2016 年，学校组织"走下网络，走出宿舍，走向操场"的活动，武大靖受邀来到学校，和很多同学一起参加了徒步活动。想来也算是有点渊源了。

现在想来，武大靖在平昌的夺冠之旅可以用"一气呵成"来形容，两破世界纪录，没有给对手和裁判留任何质疑的机会，绝对干净、绝对完美地冲破了终点线。从不断重播的夺冠镜头中可以看到，虽然韩国选手带着护目镜，但隔着屏幕都可以感受到他们的一脸落寞。我们终于赢了！压抑了十几天的情绪终于可以以这样一次胜利作为出口，堂堂正正地得到宣泄了。当五星红旗冉冉升起、高昂的《义勇军进行曲》奏响的时候，我的心里涌起一种莫名的自豪和庄重。"国家"这个词有的时候很抽象，有的时候又那么具体。我相信大多数同学也和我有一样的感受。

武大靖比赛后，我看了很多关于他的报道。这个大男孩其实和你们一样，他也爱自拍，也喜欢追星。出身于普通家庭的他，直到进了国家队才有一双真正属于自己的定制冰刀，对于那时的他来说，7 000 块钱的冰刀颇有一些奢侈品的意味。但他还有着你们这个年龄段里特别宝贵的品质，那就是对梦想的绝对的执着。他说他曾无数次梦见奥运夺冠，在梦中都会笑出声。我问过很多同学：你给自己定的目标是什么啊？同学们的回答林林总总：考过四级、得奖学金、减肥健身、考研成功，还有一些同学抿嘴一笑，不做回答。我知道他们心里也有目标，只是不好跟我说而已。有梦想也许并不难，然而你和目标之间这段长长的路怎样走呢？有人三分钟热血，刚开个头就换目标了；有人的目标"中道崩殂"，用各种原因和借口敷衍了事；还有一些很令人遗憾的同学，明明和愿望的实现只差一步距离，考试之前承受不了心理压力，主动弃考。这样的例子很多，我在学生时代也有过类似的经历，现在回想起来还是遗憾不已。

武大靖能够实现梦想绝不是偶然的。在彼时如此艰难的形势、恶劣的外在环境之下，如果没有强大的实力和对梦想无比坚定的信念，完成绝地反击是一件不可能的任务。但多年的艰苦训练、顽强的意志品质、教练科学的临场指挥全部发挥了作用。当一个人为了心中的梦想勇往直前的时候，全世界为你让路的事情就会发生。

新学期开始，找个安静的时间，写下自己心中的小目标。哪怕这个目标在别人看来再不起眼，你也要对它抱以绝对的尊重，然后默默地努力，反复地练习，去实现它，去征服你自己。

消失的黑夜

　　这一代"90后"几乎没经历过没有电的日子。我是"80后"，在我小时候，电就已经基本普及了，只是我记得有一段时间家里总是不定期停电，和现在常年给电是没法比的。

　　现如今"不夜城"越来越多，很多年轻人更是以过夜生活为时尚，各种夜店、酒吧、桑拿浴馆悄然兴起。无论是夜半几点，城市的街道都灯火通明，恍若白昼。夜晚的学生寝室里，除了室内耀眼的灯光外，人手一台的笔记本电脑的屏幕也发着五颜六色的光，就算是到了限电熄灯的时间，那些没睡的学生摆弄着眼前的手机，就像漂浮在黑暗中的萤火虫，继续点亮着寝室的各个角落。我感叹黑夜在这个时代竟成了奢侈品。

　　我的童年是在乡下和姥姥一起度过的。小小山村基本上不用电，即使通电了，大伙儿还是不习惯用，依然遵照着日出而作、日落而息的生活规律，洗衣用手，做饭用柴。在没有电更没有网的日子里，入夜我便和姥姥早早躺下，静静的夜里万籁俱寂，只听见外屋地（厨房）水缸旁边有蛐蛐儿在歌唱。如果是有月亮的天儿，月光会给我们的花被印上窗棂的影子，方方圆圆，煞是好看。小小的一铺炕在月光的映照下闪着微微的银光，我们就像是睡在了缥缈的沙滩上。有的时候月亮旁边有一丝云，姥姥便说：

"快看，嫦娥跳舞把袖子都舞出月宫了！"我便高兴极了，就好像真的看到了嫦娥的表演一样。如果赶上没月亮的天儿，我们完全被黑夜笼罩。这时候祖孙两个便有一搭无一搭地聊天，姥姥会给我讲各种各样的故事，现在想来，都是一些民间志怪传说。听到害怕处，黑夜便成了一把保护伞，我被它包裹着便莫名地觉得心安了不少。如果这时院前土路上刚好经过一辆大嗓门的卡车，明亮的灯光瞬间撕裂了黑夜的大幕，我反倒觉得局促不安起来。

长大后，有了电，大街小巷随处都有路灯，我住在高楼里却望不见天上的月亮；有了网，它却挤占了我所有的业余时间。我们刷微博，聊微信，追热剧，看电影。人家直播吃饭，我们都能盯上二十分钟。可是寝室里还有卧谈会吗？身边还有人和你聊心事吗？你昨天看的那本纸质书又翻了几页呢？

时代在变化，生活方式也在变化。努力安静下来，一周里哪怕有一天我们早关一会儿电脑和手机，在黑暗中和室友们聊聊天，聊聊班级里为数不多的女孩子，聊聊小时候曾经掏过的鸟窝和脸上留下的小疤……

生活很真实。听！静夜里还有时钟在嘀嗒。

友谊的小船，不会说翻就翻

有一天，我的一个男学生小李哭丧着脸到办公室跟我说："老师，我想换寝室！"我很好奇地问："为什么啊？都住了这么久了。有什么问题？"小李接着说："我们寝的小 A 打呼噜太严重了，我实在受不了了，他打的呼噜连隔壁都能听到，你看看我的黑眼圈，真的不行了。老师，我都快神经衰弱了。"

小李是南方同学，带着点地方口音，说这段话的时候表情还很夸张。看着他的样子，我朝他笑了笑。他平时成绩不错，脾气温和，不是个爱计较的孩子，看样子这次反映的情况多半是真实的。劝慰了半天，我先让他回去上课了。课间的时候，我把他们同寝的小周、小邓又叫到办公室详细了解了一下情况。原来这个小 A 确确实实打呼噜特别严重，他知道自己有这个毛病，之前的一段时间里，每次都等寝室同学睡熟了之后才入睡。可能是时间太长了，自己身体也撑不住了，后来就正常作息了。结果他一睡着，其他同学就都睡不着了。这才惹得小李向我诉苦。

根据我的个人经验，我觉得小 A 这种呼噜的打法应该是病态的。后来我单独找到他，跟他说了我的想法，让他去医院做相关检查，又召集了同寝室的其他学生，解释了这个问题，以求能够给小 A 一点时间，让他得到大家的谅解和包容。这件事情算是解决了。

但是关于寝室的话题却怎么也说不完。来自五湖四海的六个或者八个人共同聚集到一个不足二十平方米的空间。你要睡觉了，他还在打游戏，键盘声音扰得人心烦意乱。他天天在寝室抽烟，别人凭什么要吸二手烟？他天天五点就起床，叮叮当当地收拾不停，还让不让人睡觉了？还有你上个星期刚买的洗衣液，这个星期就没了，能不能自觉点，别用别人的东西！一点点的导火索可能就让你和室友经历冷战甚至是唇枪舌剑，更有甚者，还会跑到辅导员那里强烈要求更换寝室。其实我常常跟学生说：那么点的空间里，哪有舌头碰不到牙的，没有给你量身打造的室友，只有一个不断适应环境的你。能在一起相处四年，这是这辈子的缘分。

我模仿那首《你还在我身旁》写了一首小诗：

> 松花江的水从东流向西，
> 教材从尾翻到头，
> 篮球从空中飘回，落到了你手上。
> 你剪了板寸，穿回入学的衣裳。
> 文萃苑飘着饭菜香，
> 宿舍楼的门开了又关上，
> 你呆坐在窗前低声说：
> 我喜欢上了邻班的姑娘。
> 室友，你还在我身旁。

毕业多年，我写这段话的时候，还能记得我曾经的室友们青涩的模样，可已然回不去了。

不管你们有过多少不愉快，当时间的车轮碾过你们茂盛的青春，当你看过太多的人世浮华，回望过往，我想你们每个人都会在心里说一声：谢谢你，成为我的室友！谢谢你，来过我的青春！

谈钱不伤感情

　　有这样一条新闻：某大学的一名在校生冒用同学身份证、学生证等凭证，到十几个网络贷款平台借贷，而后因为无力还款，压力过大，最后跳楼身亡。

　　这则新闻令我心惊肉跳。我对于校园贷款和分期贷这样的贷款形式并不陌生，校园贷款的广告条幅贴到了学校周边许多商家的墙上，"0利息"的字眼很具有吸引力。我的学生也有用过分期贷的，大多是为了买手机、电脑等需要大额支出的物品。为写这篇文章，我特意和几个同学聊聊天，提起一些比较知名的网上借贷平台，大家如数家珍。虽然他们没用过，但是却一点也不陌生。我恍然明白，原来短短的几年时间里，现在学生的消费思维中已经无形地多出了一条网络渠道。

　　校园贷款的合法性还存在争议，作为非专业人士，我也不应随意发表观点。但是作为一名高校工作者，我不得不说，无论是校园贷款还是分期贷，对充满消费欲望的年轻人来说，诱惑真的太大了。一是因为申请贷款的门槛低，一般只需要身份证、学生证和一张照片就可以了；二是一般都打着第一个月免息之类的幌子，爱小利的心理作祟，让学生们很容易就跨进这个门槛；三是年轻人本身接受新事物的能力强，个别人爱慕虚荣，极易过度消费。然而不管是校园贷款还是分期贷，到期未还都将会有非常高额的利息和延期费。对于在校生来说，很容易找到学生本人的家长和老师，突如其来的债务令学生的亲人们苦不堪言，也严重影响了学生们的正常生活和学习。其实大多数学生的经济来源都很单一，无非是家庭、奖学金、助学贷款、勤工俭学这几条途径。不管是校园贷款还是分期贷，如果不能把控好，必然引火上身，自讨苦吃。

在此要提醒大家，第一，不管家庭环境如何，作为没有独立经济能力的单纯消费者，你们在消费的时候应该以"物美价廉，经久耐用"为准则，量入为出。没事的时候记记账，看看钱都花到哪里了，养成"勤俭"的习惯。

第二，避免"面子消费""虚荣消费"。买高端手机和电脑的钱最好还是靠自己挣。在经济能力有限的情况下，不要购买奢侈品。

第三，消费之前多想想父母挣钱的不易。不管你的父母是经商还是务农，抑或是在写字楼里办公，他们都在用自己的汗水和智力努力工作。为了让你生活得更宽裕、更富足，他们省吃俭用，一个月甚至几个月的收入才够给你买一台电脑。你还好意思着急把电脑更新换代吗？

第四，与其把结余的零花钱用来买名牌鞋、名牌包，不如用来买书。对于大学生理财，推荐一本入门级小书——《小狗钱钱》，这本书寓教于乐，能让人长知识，看起来不会犯困。花钱也是一门学问，不能乱来。诚然，消费在一定程度上让人快乐，穿名牌、用名牌时会感觉很有面子。但是靠本事挣来的才叫面子，其余的都是虚荣。

"一粥一饭，当思来之不易；半丝半缕，恒念物力维艰。"虽然时代在变，校园贷款和分期贷频频向你招手、冲你微笑，但是老祖宗的话还在告诉我们："勤俭"才是传家宝。这是我们中国人安身立命的根本，一刻不能忘，也不敢忘。

你在遥远的地方发着光

　　我的工作特点决定了我平时接触最多的学生有两类：一是学生干部，二是特殊生。还有一部分学生接触不多，基本的状态是走在校园里我能知道这是我的学生，但是叫不出名字。有一次"推优"，我让每个班级开班会推选学生，要求是平时默默无闻，但成绩优异，在学校、班级的各项活动中表现良好，能够承担部分班级管理责任。这个决定下发以后，每个班级基本上都推出了一两名学生。为了深入了解他们，我大概用了三个下午的时间和他们谈话。这样的谈话是轻松且愉悦的。

　　说一个让我印象非常深刻的学生吧。我与学生小西的谈话选在了一个忙碌的午后，他下课之后急匆匆地赶到我办公室。小西有着典型的工科男生模样，穿着件灰色的夹克衫，里面白衬衫的风纪扣紧紧扣着，下面穿着一条已经洗得泛白的牛仔裤，肩上还挎着个大帆布书包。他戴着一副厚厚的眼镜，和我聊天的时候表情有点拘谨，大部分时间稍低着头。谈话的节奏基本是我问他答，他回答时言简意赅，有时候甚至会有一点结巴。他给人的感觉是：这是一个普通得不能再普通的学生。原本按照我的想法，班级推上来的这批学生应该表达能力强，成绩良好，有一定领导能力，见到老师时虽不必恭敬有加，但也不应这样稍显冷漠啊。我在心里悄悄地给小西打了个问号。回到办公桌前，我仔细地查了一下小西的个人资料和他几个学期的成绩。小西家在中原地区的一个县城，家庭结构稳定，父母都健在。他的成绩处在上等但并不拔尖。"推优还是慎重一点吧，再观察观察。"我徐徐叹了口气，心里这样想着。

随后的几天，我有意无意地和小西的同学聊起他，得到的答案几乎是一致的：他人缘非常好，最大的特点是热心肠，愿意帮助人。不管是生活上还是学习上，只要是大家需要，他都会二话不说，默默地帮大家解决困难，而且丝毫不张扬。我去检查寝室卫生，特意仔细看了看小西的床铺，虽然床上东西不少，但是所有的书本都靠墙分别摆好，被子叠得有棱有角，床单平整，墙上贴着一个毛笔字条幅，上面写着"勤奋"两个字。随着对小西了解的深入，我还知道他总是利用周末的时间去做义工服务，几乎每天早起带着寝室的兄弟们到体育场跑步、背英文。他的科技创新也不含糊，已经跟着专业课老师做了两个项目。加了他的微信后我还发现，小西的古文功底也不错，经常会用文言文发表一些个人见解，课余时间最喜欢在图书馆看书。但是他在那场谈话中对这一切只字未提。之后我又见到他几回，他依然是拘谨的，点头说一声"老师好"就悄悄地走开了。我点头回应，在心里笑着。

是的，在我的生活中就是有这样一部分经常被"忽略"的学生。他们中规中矩，从来不旷课也不请假，有点小病小痛也坚持去上课。他们寝室卫生做得好，各项活动都积极参加，更没有什么和同学闹矛盾的情况，我根本没有理由找到他们。他们大多数腼腆内向，也不愿意主动接触老师，但是这并不影响他们有着丰富的内心和美好的大学生活。这些学生在遥远的地方默默发着光，哪怕没有照到老师眼睛里，也温暖了周围的很多人。我想我们的大学需要这些默默发光的人。

作为辅导员，我给"小西"们鼓掌！

长期早起是什么体验

想了一个"知乎体"的标题，就是想轻松一点和大家聊聊天，说说每天早起这件事。

作为一名"集保安、保洁、保姆于一身的综合性人才"，我每周会有一个例行工作——检查寝室卫生。一般八点从办公室出发，走到学生寝室需要十分钟左右，经常会把一些第一节没课的学生堵在被窝里。看着他们痛苦的表情，我能猜到早起对他们来说有多难，我恨恨地想，类似"叫醒你的不是闹钟而是梦想"的"鸡汤"对这些学生来说并没起作用。大学上到第三年，很多差距不经意间慢慢拉开了。有的同学每天朝气蓬勃，成绩好，人际关系好，寝室窗明几净；有的同学则每天浑浑噩噩，成绩倒数，寝室满地烟头。后者也不是不想进步，只是觉得自己无从下手，于是沉沦、沉沦，就这样稀里糊涂地度过了大学四年。如果实在不知如何整理自己的生活，我建议还是先从坚持每天早起开始吧。

长期坚持早起（在5：30至6：00之间）的 A 同学，平均每天上午无形中会比其他同学多出两个小时时间。我大致地用计算器算了一下，如果坚持一年，他就会不知不觉地比他的同学多出来三十天时间。要注意这三十天是没有睡眠的"干时间"，如果合理安排这段时间，不管是读书、晨跑还是背单词，他能完成多少事？考英语四六级还会那么难吗？考试过关，成绩上升，身体好转，这是最实际的变化。还有一点是来自精神层面的：人的精力是一定的，早起的人必然也会早睡。对于女生来说，皮肤状态肯定会上一个台阶；对于男生来说，睡眠时间取代了以往每天打游戏、玩手机、看网络小说的时间。手机放远处，睡前泡泡脚，看会儿书，身体和大脑得到了充分的休息，第二天想不精神都难。

同学们，起床看看清晨的校园吧，文华苑的青草渐渐泛绿了；尝尝一食堂新出锅的热腾腾的包子，能温暖你一个上午；到体育场跑上两圈，呼吸一下大自然最清新的空气；在树荫下背一篇英语作文，为自己的四六级考试积蓄力量；到图书馆看看各个大学的学报，了解一下专业领域最新的科研动态；捧起新一期的《当代》《收获》，了解一下文学世界里的悲欢离合。每天早起两个小时，你会慢慢发现：你的生活渐渐变得更加充实、有序；你的课堂笔记变得翔实准确，成绩稳步上升；你的朋友越来越喜欢和你在一起，因为你是如此丰富有趣，知道那么多他们不了解的世界。这一切也许不会让你有多成功，但是肯定会让你成为一个身体健康、内心丰富、充满人格魅力的人，这就足够了。

是的，这一切也许仅仅就是从坚持早起开始的。

夏季
XIAJI PIAN 篇

唱一首不太悲伤的歌

　　每到毕业季，宁静的校园都会被一种隐隐的离愁涂抹。忙完了就业，忙完了论文，忙完了离校前的各项手续，回头一望，离开的日子越来越近了。共同生活和学习了四年的同学、室友，在曾经的岁月中，从彼此嫌弃、彼此抱怨到一起打游戏、喝酒，一起上自习、考英语四六级，一起偷偷喜欢某个姑娘。岁月给了你这世间最珍贵的友谊。

　　你说：有啥矫情的？你们傻不傻？！可分别的那天你谁也没送，一个七尺男儿窝在宿舍的小床上哭得像个泪人儿。

　　你说：老师，为了抱一抱喜欢了四年的那个人，全班聚餐，我把班级同学都抱了一遍。也许这辈子就只能抱她这一次了。

　　你说：姐，你老说我们宿舍乱，现在该扔的都扔了，该邮走的都邮走了，干净是干净了，可兄弟们也都不在了。

　　我默默不语，泪湿眼角。

　　毕业了，你由学校里的"老人儿"变成了社会上的"新手儿"。这片土地上培育和滋养的每一颗种子都将飘向不同的天空，你们背起行囊，走向不同的人生道路，带着希望和憧憬，也带着迷茫和困惑。

　　默默挥别过往，别怕，往前走。

赶在离校之前，和曾经有过不愉快的同学互相拍拍肩膀，握握手，只道当年年少轻狂，今后到了不同的城市，走过路过知会一声，不打不成交的也是友情。和絮絮叨叨的辅导员老师道个别，也许你会发现那个每天横眉冷对、管这管那的人也有自己的苦辣酸甜。和教过你的老师拥抱一下，不管未来你是否从事与专业相关的工作，都要感谢老师教给了你一份安身立命的本事。给父母打个电话，与生活费无关，大声告诉他们：我毕业了！自食其力的感觉棒极了。

你需要做的事情还有很多。认真地打扫一次宿舍，住了四年的地方，离开的时候你要把它整洁干净地还给母校；去图书馆自习一次，这样心无挂碍的学习时间以后将会越来越少；整理好自己不需要的书籍和生活用品，把它们留给需要的学弟学妹们，朋辈相帮，薪火相传，这是母校留给你的精神财富。

老师还想跟你说，未来的生活注定不会总是鲜花遍野，初出茅庐的你还会经历很多风风雨雨。但是不管遇到什么，不要放弃学习，不要放弃希望。许多年前，你足下的这片土地还是一片荒芜旷野，有一群年轻人愣是靠自己肩挑背负盖起了最原始的几座小楼，那就是这所学校的雏形。而做这些事的人那时大概就是你们这个年纪。同学们，趁年轻，伏下身子，去奋斗，去创造，去实现。

这几年总是有学生跟我聊起各种各样的话题，我资质愚钝，面对信任经常感觉责任重大。其实很多时候我也迷茫，面对未来也经常不知所措。但这么长时间里有一个观点一直没变：不管面对怎样的选择，我都会鼓励学生们去尝试，勇敢地往前迈步。我并非哲学科班出身，但闲暇时也看过几本哲学类的书籍。马克思主义哲学中对于"物质"的解释是这样的：不依赖于人的意识又能为人的意识所反映的客观实在。这个解释说明"物质"这种东西并不一定是肉眼可见的，还有那些独立于意识之外又能够为意识所反映的存在，你的能力、你的涵养、你想象的困难、你觉得难以迈过去的诸多难关等肉眼不可见的存在。如何去体会、去感受我们看不见的存在呢？就是去做，哲学上称作实践，类似于你要向无法判断的未知勇敢地扔出一个球，在球反弹回来的一刹那你就知道你面对的是什么，那些看不见的墙壁在哪里，你能够承受的底线在哪里。这个过程需要勇气，也需要智慧，但可能勇气要更多一些。而且在实际生活中你要不停地扔出这个球，然后让它重重地回弹到你身上。它也许会打疼你，抑或是打伤你，这都不要紧，只有这一次次的尝试和锤炼才会让你变得更加强大，对周围环境的感受能力越来越强。毕业，是走出自己舒适区的第一步。

"此地一为别，孤蓬万里征。"擦干眼泪，整理行装，把自己想象成一个侠客，天还未亮，你已经上路。

毕业季，不说再见

六月的大学校园注定是一个充满感伤的地方，随处可见年轻人们三三两两地在学校的各个角落里合影留念。校园外的餐馆和大排档里更是推杯换盏，人声鼎沸。在夜晚某处路灯下偶尔还能看见几个年轻人或是轻声歌唱，或是隐隐啜泣。同学们通过各种各样的方式来祭奠这四年的大学时光，告别那回不去的青春岁月。

作为老师，在为你们顺利完成学业感到高兴的同时，也会有阵阵担忧。大学毕业，是一场真正意义上的成人礼。对于大多数同学来说，跨过大学毕业这个门槛，就真正成了一个成年人，要自食其力地在社会大熔炉里"厮杀"了。社会上每天都有考试，可没有老师再给你划考前的复习范围了。你再也吃不到闻名中外的大学食堂菜系，"五块钱能吃饱，十块钱能吃好"的日子一去不复返。你再也不用因暗恋的人脸红心跳，因为下周他就会远行千里到一个陌生的城市打拼，也许他从来不知道你喜欢过他。一切都过去了。

然而不管如何怀念过去，该来的终归会到来。同学们，你们长大了，要到更广阔的天空里翱翔，我们拍拍各自的肩膀，互道珍重，不说再见。

离别是为了更好地开始。你做好准备了吗？那些毕业离校后即将进入工作岗位的同学，老师希望你们沉住气。刚开始的不适应是正常现象。也许你会感觉手足无措，茫然无知，但请相信老师的话，只要你肯动脑筋，肯出力，所有的工作经验都会慢慢摸索出来的。你要保持谦虚诚恳的工作态度，多跟年长者、经验丰富者请教。找到工作不易，千万不要轻言放弃。第一份工作是一个重要的开始，它很可能会直接影响你未来的职业生涯。不管有多艰难，在确定自己发展领域正确的前提下，请坚持下去，哪怕是两到三年后再跳槽，你的身价都会不一样。在感觉困难的时刻想想老师的话，再坚持一下！

当然还有一些未就业的同学，我想对你们说一句老生常谈的话，"社会上没有找不到工作的人，就是没有找到合适的"。那么什么是合适的工作呢？没有为你量身打造的工作，但是生存问题却是真实摆在面前的，这个时候就得适当调整自己的就业心态，先把温饱问题解决，再来谈精神需求，这个理念马斯洛很早就告诉我们了。"啃老"真的是一个没那么光荣的词。不能饥不择食，也不能太过挑挑拣拣，毕竟你现在的资本有限。

那些考研成功和准备"二战"的同学，学习是一项充满了挑战和快乐的事情。充满挑战是因为它需要耐得住寂寞，坐得住冷板凳。充满快乐是源于在你不断攻克各种难题时那种发自内心的自豪和喜悦。路是自己选择的，如人饮水，冷暖自知。但是不管毕业以后你身在何方，你都要记住，虽然你的母校不是"211"，更不是"985"，但出门在外，你就代表了佳木斯大学，你的一言一行都代表你的母校。如果有人对你的本科出身产生怀疑，那么请用自己的实际行动告诉他们，母校是这样的：勤奋谦虚，踏实肯干，不卑不亢，从容优雅。那一刻，母校为你自豪。请珍重！

每一次挥手作别，都是为了来日更好的相聚。待到山花烂漫时，我们再次把酒言欢，谈谈毕业这些年的苦辣悲欢，谈谈学生时代共同经历的奇闻乐事，我想那时我们的表情应该是平静且幸福的。不说再见，等待相聚的那一天。

在沉默的日子里歌唱

　　我的微信公众号已经断断续续地坚持更新几年了。不管我多忙，基本会保持每周写一篇的频率，有特殊情况实在分身乏术时就会空下几期。

　　作为一个典型的"80后"，我身上有着明显的时代烙印，是原生家庭内的独生子女，自己小家庭的二胎妈妈。有一段时间，一直帮我照顾孩子的母亲生病了，只能卧床在家。两个孩子也接二连三地感冒发烧。新买不到一个月的手机在一次匆忙的赶车途中丢失了。东北的三伏天一到，一阵阵热浪滚滚，我奔波在医院的楼上楼下，汗流浃背。爱人的工作性质特殊，即使家里的情况再艰难，他也不能及时赶回来。一切事情只有我和老父亲共同撑着。以上的种种看起来确实有点糟。在难得的独处时间里，疲惫感、无力感会轻易地打垮一个人的情绪防线，我不断地告诉自己，所有的艰难时刻都会过去，一切都能好起来。

　　后来，所有的事情都在好转。经过治疗，母亲的身体渐渐恢复，孩子们也都渐次康复，我终于有时间再次打开电脑，以文字的方式关心一下久未谋面的朋友们、学生们。这只是我生活中一个小小的浪花，每个人的生活都会有很多不容易，有些事不足为外人道。之前和学生们谈话，发现他们有的失恋，有的和寝室同学闹矛盾，有的考研失利，有的家庭贫困，他们有各种各样的伤心、失落、委屈，还有的学生觉得日子浑浑噩噩，不知如何是好。其实仔细想想，很多问题都是自己的"内心戏"。再艰难的日子里也会有别样的风景。在陪母亲打针的空余时间里，我看完了之前一直想看但是没时间看的书，了解了很多少数民族的历史渊源。我认识了几位医术精湛的医生，他们为人诚恳，敬业至极。我还是会坚持敷面膜、听网课，还因为不断奔波而折腾掉了几斤之前总也减不掉的赘肉。当你的生活中出现裂痕的时候，也许恰恰也是阳光可以照进来的时候。

　　有一次，我和朋友在学校附近的一家小店吃午饭，当时正赶上学生下课，店里满满当当地坐了好多人。"思严老师！"一个清脆的女声从身后传来，我循声望去，发现原来是一名刚刚毕业的女学生。她不是我带的学生，但是因为在办公室总能见到，相对也比较熟络。我惊诧地说："还没离校啊，小周？"她咧嘴一笑，黑黑的面庞映出两排洁白的牙齿。她微笑着说："姐，我不走了，在这准备考研'二战'呢。""哦，哦。"我放下碗筷，有些疑惑地看着她，她的装扮不像是食客。她仿佛看出了我的疑惑，直接说："姐，我在这打工呢，送餐，不耽误学习时间，挣点生活费。"我知道她的家庭经济情况一般，平时学习成绩很好，能考上更高一级学府的研究生一直是她的梦想。为了梦想而坚持，这个过程是如此美好。也许她并没有飘逸的长发，没有浓妆淡抹的胭脂，没有袅娜的身姿，她是黝黑的、健壮的、富有活力的，但我觉得她是美的。生活中没有绝对的苦和乐，能耐得住长期的寂寞、偶尔的悲伤，在全世界的繁华中守住自己的初心和坚持，在最沉默的时候选择默默为自己歌唱，这样的人才能最终走到自己内心中最想去朝圣的地方。

贵寝，学霸培养皿 or 学渣传送带

  我的学生小许决定转专业，办完所有的例行手续后，他微皱着眉头，一脸落寞地跟我说："老师，我不能被立刻分出寝室吧？我实在不想和现在的室友分开。"我笑着调侃他："怎么？还住出感情来了，分不开了？"他晃着脑袋一板一眼地跟我说："确实是这样，如果不是我室友的帮助和鼓励，我的成绩肯定掉下去了。我对工科兴趣不大，接受得也慢，上学期都是室友带着我学习，不会的内容他们也能及时告诉我。犯懒不想学的时候，一看人家成绩那么好，还那么刻苦，我也不好意思躺着了。这个学期没挂科，多亏了我的寝室同学。"我听过太多对于寝室关系的抱怨，处理过不知多少次寝室的大小矛盾，唯有这次关于寝室的对话让我感到无比欣慰。

  寝室大概是学生们在大学里停留时间最长的地方了，小小的空间里，也许住着憨厚稳重、喜欢唱歌的文艺青年老大，调皮捣蛋、一身江湖气的老二，乐于分给你烟抽、带你玩游戏的上铺老三，靠一双无敌汗脚行遍天下的运动狂人老四，每天不知疲倦做科创项目的老五，整日忙得见不到人，身影出现在各类校园文化活动现场的学生干部老六，无论白天和黑夜谈恋爱谈到海枯石烂的万人迷老七，还有那个文静羸弱、说啥是啥的老好人老八。

不管你愿不愿意，这几朵你眼中的"奇葩"就在这青春的时光里冲着你纵情地盛放。你会因为老二每晚打游戏时敲击键盘的声音而难以成寐；你会讨厌老七给女朋友打电话不分早晚，暴击你脆弱的心理防线；你会找辅导员投诉老三天天在上铺抽烟，严重影响了你的健康和寝室的防火安全……你看这个别扭，看那个难受，恨不得出去租个房子，以求暂时之清净。

然而，学会和不同价值观、不同生活习惯的人相处也是我们上大学需要慢慢学会的本领。没有为你量身定做的室友。即使和父母住在一起，偶尔也会因为琐事产生不愉快；即使未来步入婚姻殿堂，也不能保证永远夫妇和合，没有争吵。只有不断适应，不断完善自己的内心，才能在任何环境中都过得不那么举步维艰。遇到生活习惯不好或者为人处世稍有瑕疵的室友，不要抱怨，稳定心态，积极想解决问题的方法。老三还是在寝室抽烟，你可以找个机会半严肃地告诉他："哥们儿，能换个地儿抽吗？我快被你熏绿了！"面对老七的夜半电话，你可以当众吼一声："快别打了，让我们单身汉睡个好觉吧。"总之，对于室友的不恰当行为一定要一语点出，绝不能听之任之。如果一再纵容，一是会滋长他的习性，他会以为所有的不妥都是正常的，二是确实也会影响自己的生活。如果你的一再提醒像微风拂过，完全没有作用，那就要动用集体的力量。在寝室里开个会，约法三章，并讨论出违反规定的后果，然后认真执行，违者必罚。更重要的是要用自己的力量带动更多的室友改善自己的生活方式，让他们感受到长期自律的生活反映在你身上的变化。生活规律、坚持晨跑让你体型匀称，面色红润；每天读书看报让你思想深邃，语言丰富；积极参与社团活动让你广交朋友，心胸开阔……

你要做一束光，把寝室里所有的暗淡照亮，并且让大家从心灵深处感受到这束光的存在，这样他们就会不自觉地信任你、靠近你。而不要四处鸣不平，长期生活在自怨自艾中。我相信环境的力量，你每天的所见所闻都会潜移默化地影响你的个人判断和价值选择。网上经常会有某大学的某宿舍全寝都考上了重点高校的研究生之类的新闻。事实证明，一个强有力的集体绝对会催生出很多优秀的人，在长年累月的彼此扶持和良性竞争中，室友们互相成就了彼此。这就是一个好寝室的力量。当这个小小空间里的所有人都活成一束光的时候，大家能够照亮彼此的前程也不足为奇了。

贵寝可好？它是一个学霸培养皿还是一个学渣传送带？它是一个欣欣向荣、充满活力的奋斗之所，还是一个乌烟瘴气、一塌糊涂的破败之地？这些选择题的答案完全掌握在同学们自己的手中。

老师，我想入党

　　有一段时间，南京航空航天大学有位叫徐川的老师特别出名，主要是因为他写了一篇名为《答学生问：我为什么加入中国共产党》的文章。这原本是一篇很红很正的文章，但是却引来反响无数。徐老师说得实在，说得诚恳，大家愿意听，也真的认真在想。我详细读了几遍，发现这篇文章对于我这样一个有着多年党龄的人来说也是益处颇多的。

　　大家仔细想过这个问题吗？为什么要加入中国共产党？跟大家分享一下我入党时的心态。我来自一个很传统的产业工人家庭，当时全家都认为入党是一件很光荣的事情，党员这个身份可以满足我在大家庭里面的小小虚荣心。于是我就特别积极地表现自己，努力学习，拿奖学金，争当学生干部。2007 年，我在符合全部条件之后加入了党组织。但是我当时对党的理解并没那么深刻，甚至在入党之后我心里默默地松了口气，觉得自己在大学里的一个目标完成了。我想你们也许会在某一刻跟我有一样的感触。

　　时过境迁，我现在成了一名辅导员，经常会有学生跑来跟我说："老师，我要入党！"我还是会问他这个问题："为什么想入党啊？"时代在变化，学生们的答案五花八门，但是我听到最多的回答是："老师，我要考公务员，我要考选调生，所以我要入党啊！"学生们是非常诚恳的。听到这样的答案，我说不上生气，只是有些许失望。在这个信息爆炸的时代，我非常理解同学们的心态，就业不容易啊。作为共产党员，我们应该真正做出点成绩来，默默地转变这样的局面，能真正拥有个人魅力，能够真正吸引一批同学围绕在你身边，和你一起做有益于班级、有益于学校的事情。听好，我没敢说人民，我怕你们觉得有距离，你只要在你的班级、你的社团中发挥好一名党员的作用就够了。你们这些党员同志中，肯定有旷过课的，有参加党组织活动不积极的。想必你们在心里也给自己打过分。不管之前如何，你们今后一定要严格规范自己的行为。因为你不仅是一个人，你还是一名党员，你的一言一行大家都看在眼里，如果你不能代表先进，那么其他同学会怎么认为我们的党？我没有危言耸听，我们的党从最初只有十几个人到现在有九千万党员，建立了现在日新月异的社会主义国家，有多少人献出了自己年轻的生命？他们牺牲的时候很可能比你们现在的年龄还要小。同志们，你们还忍心给这个组织抹黑吗？

年轻的你们可能也会迷茫，我也会。昨天还让我们引以为榜样的老党员，今天可能就身陷囹圄，痛哭流涕地写着悔过书。我想，其实这也是正常的。这个组织从建立之初就不断地和这样的问题做斗争，早期有李大钊同志舍生取义，也有周佛海卖国求荣，顾顺章的叛变更是对我党的地下工作造成了毁灭性的打击。批评和自我批评是《中国共产党章程》里要求的每个党员的义务，正是因为我党对这样的事情有着壮士断腕的决心和刮骨疗伤的勇气，我们才更应该对它的未来充满希望和信心。

各位党员，我说了这么多，现在想问问你们，"两学一做"的具体内容是什么？是不是还有人得反应一下？"学党章党规，学系列讲话，做合格党员。"不管是大家定期学习，还是你们利用个人时间自己学习，《中国共产党章程》和系列讲话都是必读的。有很多同学不愿意读这类书，觉得很教条，同学们看到了也会不理解。老师偷偷地告诉你，如果你觉得很教条，那是你没认真读，其实这类书的营养成分很高。系列讲话都是在各个大会上的发言，实际上是凝结了全中国最有才华的人的集体智慧，言简意赅，言之有物，用词准确精当，读一遍胜过看玄幻小说千百万遍。你还可以去看看《毛泽东选集》《邓小平理论》等书籍。你可以感受一下毛主席在陕北说"一切反动派都是纸老虎"，回到窑洞里，就能写下《新民主主义论》，吟出"雄关漫道真如铁，而今迈步从头越"的豪迈诗句。大家感受一下我党领导人具备了怎样的能力、胆识和胸襟啊！每期的《人民日报》和新华社的相关报道，以后也要定期带领寝室或者班级的同学读一读。现在是网络时代，众说纷纭，谣言和真相让人分不清楚，这个时候我们更应该相信的是我们的主流媒体。国家的每一个大政方针都会影响一代人的命运。作为共产党员，我们有责任和义务为同学打开另一扇窗，让他们更深刻地了解自己所处的这个时代以及在这个时代里要承担的使命和责任，把他们从各种电脑游戏中拉出来，让正能量的阳光照进来。

各位党员同志，我希望大家能够真真正正地从"心"入党，别忘了我们在党旗下宣誓时说的每一句话，那是我们对党、对国家一生的承诺。

你爱过你的辅导员吗？

估计很多同学在看到这个标题的时候会撇着嘴，心里恨恨地想：讨厌还来不及，怎么能爱？是的，在辅导员这个岗位上工作的人就像学生大学生活中的一把"戒尺"，学生上课，他们查课，学生放学，他们查寝。如果学生稍有不慎，触犯了校规校纪，辅导员不是批评教育，就是下发处分，偶尔还会给家长打电话，通报学生的在校表现。真是令这些年轻人叫苦不迭。原本他们憧憬的可以无忧无虑地每天逃课、打游戏、谈恋爱的大学生活，被这样一群人破坏得乱七八糟。谁又会爱这样一把"戒尺"呢？

对于诸多不理解和质疑，通常我们都会默默忍下，然后继续工作，该查课就查课，该查寝就查寝，毕竟学生的大学时光宝贵，我们来不及等到他们理解。而且我们也相信，有一天他们会理解的。

辅导员的工作累吗？真累！面对专业分流后全校首次调换寝室，我的同事们遇到了相当大的来自学生的阻力。他们连续两个双休日从早晨五点工作到半夜十一二点，不停地说服、教育学生，实在不行就亲自帮学生搬寝室，终于完成了那届学生的调寝工作。现在学生的生活作息更加规律，寝室卫生也比之前上了一个大台阶，即使有些同学依然愤愤不平。辅导员的工作难吗？确实难。我上班第二年的时候，晚上十点多接到学生电话，因为寝室同学生日聚餐,有个学生直接喝到了医院。给我打电话的学生打着哭腔说:"老师,你快来吧,怎么办啊?他都吐血了。"我当时刚刚怀孕,作为一名军人的妻子,我是一个人在家的。跟领导汇报完情况后,我拿着一张银行卡直接出门了。我也害怕,怕夜冷天黑,怕去医院影响腹中胎儿,但我更怕学生的生命健康出问题。当晚在中心医院是我人生中第一次用颤抖的手在手术单上签字。家长不能及时赶到,我只能充当家长的角色。事后,学生恢复健康,返校后因为酗酒处分加身,他也并没有觉得辅导员哪里好。我想对于我们这个战线的同人来说,这并不是个案。试问哪一个辅导员没在深夜里去网吧找过学生?哪一个辅导员没在学生的手术通知单上签过字?辅导员的工作烦吗?说实话,有时候也烦。学生失恋了,心情不好,找你;他把钱包、饭卡弄丢了,找你;他学习效率低,情绪焦躁,找你;他和寝室同学闹矛盾了,同样还是找你。有时候忙完一天回到家,自己的孩子跑来让你抱抱,你都感觉没什么心情。

是的,这就是辅导员们的工作常态:有点累,有点难,还有点烦。但是你能看到学生们因为你的努力而回归到生活正轨,你能真实地感受到一个个男孩子含着泪水跟你推心置腹地说心里话。你查了一圈寝室,到最后几个屋的时候,一个学生会诚恳地说:老师,累了坐下喝口水吧。也许就是这样一件件小事支撑着辅导员们一直负重前行,却依然甘之如饴。你爱过你的辅导员吗?爱他吧,虽然他喜欢唠唠叨叨,碎碎念着假期安全,虽然他动不动就拿起电话跟你父母打你的小报告,虽然他板着脸要求你立刻去剪头发和指甲。其实辅导员们也曾年轻过,他们大多数都是曾经风华正茂的学生干部,他们都受过良好的高等教育。他们之所以变得婆婆妈妈,变得唠叨,变得不讨人喜欢,是因为要对你负责,要对得起你父母对学校的信任。如果有一天,他又板起脸教育你,别嫌烦。这世界上除了父母就是老师对你这么上心了。偷偷在心里笑一下,然后使劲爱他吧。

我为什么总是针对你

有一个周六，我接到一个学生的电话，电话那头的他几乎是咆哮着问我："你是不是又给我家里打电话了？你为什么总是针对我？"我愣了一下，缓缓地说："你听着，你现在非常不冷静，你受过高等教育，谁教你跟老师这么说话的？我不想跟你多说，但我问你，你说我为什么要针对你？"他在那头沉默了一会儿，支吾地说了一句："还、还不是因为那些小事？"他的语气明显弱了下来。挂断电话后，由于愤怒，我的双手不停地颤抖。母亲问我怎么了，我轻描淡写地说了句：碰见了一个让人不省心的学生。

整个事情的经过大致是这样的：这个学生叫小 Y，性格孤僻，基本上不和班级里任何同学交流。之前因为他经常旷课，我给他的家长打过电话，也把他叫过来面对面谈过话。他对我的态度十分冷漠，说话时眼神飘忽，整个谈话过程多次冷场。因为他之前因身体问题休过学，所以我很关注他，担心再有什么闪失。后来我偶然发现他有校外租房的迹象，就又把他叫来了解情况，不出意料，他矢口否认了这件事。事后我不放心，就给他的父亲打了电话，把我知道的情况简单说了一下，叮嘱家长多跟孩子沟通，如果发现问题，赶紧联系我，我随时找他。估计是家长和学生沟通的过程中出现了问题，这个年轻人糊涂地迁怒到了我身上，他觉得是我给他带来了麻烦。

这应该不是个案。有很多学生对自己的辅导员存在这样的疑问：为什么要针对我？有的说出来了，有的闷在心里。如果我们不管你，你可以"自由"地旷课，"自由"地在外面租房子，"自由"地擅自离校，"自由"地喝酒，"自由"地考试作弊，"自由"地把寝室卫生搞得一团糟，"自由"地不参加任何校园活动，我们也省去了许多口舌和电话费，再也不用接蛮横无理的电话了。咱们两两相望，各自安好，世界和平，我想想都觉得那么美好。但是你知道我们不能，我不止一次说过，干我们这行的来不及跟同学解释，你进入社会就知道谁是真正对你好的人了。学生的几年大学时光转瞬即逝，我们不能看着他的一个错误无限繁殖，直到最后伤害了他的生活，甚至是他自己。这样做的代价就是不断地被误会，不被一些学生理解，还好这个队伍的人都有着强大的自我修复能力。年轻终将会过去，学生们也都有走向中年、走向成熟的日子。虽然那个时候他们可能早已把自己的大学辅导员忘记了，但是我们依然可以问心无愧地对自己说：他们的青春，我保护过！

辅导员是一个集教育和管理于一身的岗位，春风化雨式的教育见效缓慢，但是标本兼治；雷厉风行的管理见效快，但是容易伤筋动骨，副作用大。可我们只能陪伴学生几年时间，完全教育来不及，全是管理也缺少人情味。在教育和管理之间取得平衡是我们每天都在做的工作。

同学，如果我的管理让你不舒服，我只能摇摇头说：记住，我的工作不是为了取悦你，我的工作是为了让你变得更成熟、更优秀。然而变成熟、变优秀的道路并不总是布满鲜花和充满欢笑的，更多时候其实充满了委屈和无奈。在这一点上，作为辅导员，我是绝不会妥协的。不要问我为什么总是针对你，问问你自己就能找到答案。

那一年我们的高考

我三十岁时，想起高考已经是十几年前的事情了。有时候我会恍惚，高考对一个人的意义到底是什么，人生的分水岭？生活的起跑线？可能每一代人都会有不同的答案。高考过后，我们确实走向了不同的生活环境，对于一部分人来说，也走向了不同的人生。

记得高考当天早上，母亲专门给我做了一碗卧了两个荷包蛋的热汤面。彼时的母亲担心多余的言语会影响我的情绪，她只是默默地把我送出家门，我能感受到她惦记的眼神像炉火一样烘烤着我的背。那天天气闷热，街道上尘土飞扬，各色的机动车不停地喷发着难闻的尾气。考场门前卖冰糕的、卖冷水的、卖点心的小贩们不断吆喝着，五颜六色的广告传单满地都是。陪考的家长或站或坐，彼此交流着只有"同道人"才了解的心路历程。我木然地走进考场，作为一个十八岁的青年，我那时还不太懂得这场考试的重要性。有些事情的二手经验再多，都不如自己切身体验一次。一个月后考试成绩公布，结果在意料之中，与既定目标相距甚远。用我现在的学生家长的话说，孩子没考好。现在想来，其实也不尽然，考试成绩是综合能力的体现，不管成绩是自己的上限还是下限，总归是你那一刻的实际情况。没考好不能作为一个理由成立。

高考过后，我们去了不同的城市，遇见了不一样的老师、同学和朋友。我承认生活环境会影响人，耳濡目染这件事确实存在。事物大致的发展方向是：优秀的更加优秀，因为目之所及处都是又聪明又努力的人；不太好的可能更加糟糕，自制力划归为零；如鱼得水的又多认识了几个打游戏的伙伴，白天吃外卖，晚上玩游戏，浑浑噩噩，无所事事。他可能忘记了自己曾经也有过一段埋头苦读的日子。那时的他每天都有学习计划，上课打瞌睡时恨不得赶紧用笔扎醒自己，遇到不会的题会抓住老师问个不停。他的错题总结本上写得满满当当，他做过的练习册因为被反复订正都卷起了毛边儿，他的教科书上画满了条条线线。对，那个人也是你。还记得他吗？你的高中老师或慈祥可亲，或威严可畏，在那些一起奋斗的日子里，你对他们有着深深的信任和依恋。他们总跟你说：再坚持坚持，也就苦这一年，上大学就好了。作为在大学里迎接你的第一个老师，我特别想认真地告诉你：如果你觉得奋斗是苦的，那你可能要苦一辈子了。大学并不是保险箱，它更像是一块你进入社会之前的练兵场。只有经历过汗水和泪水的人，才能成为真正的"王者"。如果一个人的寿命按照80岁算，这世上只有一小部分幸运的人在年轻的时候就通过努力得到了自己想要的一切，还有更多的一部分人要不停地奋斗、坚持。年轻有为固然可嘉，大器晚成也是一种人生状态。

这世上没有那么多一蹴而就，我们要达到目标，通常需要长期的磨砺。在这个过程中要不断地校正方向，不停地调整个人状态，反复和倒退会不时出现，无论是升学、就业还是老百姓过日子都是如此。高考只是一个重要的人生考验，但你的人生更长。前路漫漫，只要你还在不停拼搏，还对自己的生活有更高的要求，还能不停奔跑，那结果总不会太差。

去往那有光的地方

我知道有些事情很难，但我还是要做。

我知道有些地方，我穷极一生也无法到达，

但我还是要往那个方向去。

校园里有这样一类年轻人，他们从步入大学那天起就清楚自己想要的是什么，对于自己的目标有一种顽强的信念。也许他们很少在大庭广众之下诉说理想，但我知道这样的火一直在他们的胸膛燃烧。在这个有些功利的社会环境下，他们显得固执甚至迂腐，但不管外界如何评论这些同学的选择，我总觉得每个为自己理想真实付出的人都值得外界深深的尊重。给大家讲几个这类同学的故事吧。

01

有一次查寝，在寝室里遇见了那个叫小武的男孩。他是个非常腼腆、内向的同学，梳着干净的板寸，面色稍黑，说起话来文质彬彬，一笑便露出两排洁白的牙齿。我查寝的时候，他正坐在床边和室友聊天，看见我进去，赶紧起身打招呼。我问他研究生考试的分数如何，他依然是害羞地摇摇头说："考得很不理想，肯定要'二战'了。"我略略叹息着点头说："你想好了，就按照自己的意愿做吧，以后不后悔就行。"

我与小武相熟较早，他们这届学生大一结束时才开始军训。军训休息时，我注意到别的同学都在喝水聊天，大声调侃，只有小武安静地坐在树荫下捧读一本书。我好奇地走过去，发现他正在看《中日交流标准日本语》，因自己还略懂一二，就与他攀谈起来。他告诉我，他正在自学日语。说起原因，他尴尬地挠挠头说："老师，我的英语实在是太差了，可是我打算考研，总得考一门外语，于是就想着能不能好好学学日语，将来用日语考。"我点头称是，并且告诉他有什么不懂的可以随时问我，基础知识我应该还应付得来。就这样，我记住了这个内向的男同学。再后来，凡是在来来往往的校园路上遇见他，我总会问问他的学习进展，日语考级了吗？研究生打算报哪所大学啊？每次他都不紧不慢地回答我，然后笑着走开。我了解到他日语学得不错，报考的研究生学校是一所国内知名的"985"高校，虽然觉得他的目标稍稍有点高，但也没说什么。

听到他说自己打算考研"二战"，我一点也不惊讶。一是他的目标确实有些难度，二是我看到了这三年多他为这个目标所做的努力。并不是每一次的坚持都能以成功收场，如果没能达到自己的目标，那可能只有一个原因，就是坚持的时间不够长。作为辅导员，我并不赞成学生们唯学历论，但是为了自己心中那个燃烧了四年的念想，再努力一把又有何妨呢？

02

每个选择都应该在充分了解自己的基础上才能做出。年轻时间宝贵，最可怕的就是不断选择，不坚持选择，事事虎头蛇尾，最后多半毫无收获。小洋是一名学生干部，为人踏实肯干，在班级很有威望，且学习成绩不错。凡是分配给他的工作，我都能比较放心。自打进入就业季，我就催着学生们赶紧做求职简历，出去跑跑校园招聘会，"金九银十"的招聘黄金季可千万别错过了！这其中当然也包括总是和我配合工作的小洋。但是我看他每天忙忙碌碌，却迟迟不跟我请假去参加校招，倒是我耐不住性子追问："你不找工作啦？怎么还在学校啊？出去看看啊！"小洋不说话，从书包里拿出一摞公务员考试用书，在我面前晃一晃说："姐，我早就决定要考公务员了。今年开始就一直在自学，过一段时间还参加一个培训班。我想了很久，综合考量了一下自己，还是比较适合走公务员这条路。"小洋是南方孩子，说起普通话一板一眼，语气坚定和缓。再后来我才体会到他的"折腾"。因为他考公务员，我基本了解了各个省的公务员考试时间，到了一个时间点他就会拿着准考证准时找我请假去考试。用他室友的话说，洋仔有点魔怔了。

后来，我翻看朋友圈，发现小洋的状态改成了"要挖一口井，直到挖出水为止"。不厌其烦地努力，不厌其烦地坚持，只要有这个过程，任是谁都会收获自己的成长。我总觉得这样的"小洋"们迟早会实现自己的梦想。我祝他们的梦想早日成真。

03

有一天收到一个学生的微信消息，原文如下：

"姐，出来半个月了，一路跑招聘会，不断地学习、总结，今天上午终于签下了××汽车集团。这次终于成功了！"

我回复道："太好了，功夫不负有心人，以后参加工作也要有这个劲头啊！"

是的，每次收到学生求职成功的消息，我也会跟着莫名激动。发微信的这个学生名叫小郭，是一个非常朴实的河南籍男生，成绩好，人也踏实。秋季招聘会期间，他出去过几次，但总是无功而返。再次返校后，东北的春季招聘会都还没有开始，他和指导老师商量好毕业设计的计划后就跟我请假，准备到南方的高校去参加校园招聘。在应聘的过程中，他心仪的那家公司一直没有向他抛出橄榄枝。了解了这家公司的招聘行程后，他从河北到河南，再从山西到甘肃，一路尾随，用了半个月的时间，终于在兰州与这家公司签下了三方协议。功夫不负有心人，能签下这家公司，这一路奔波也算值了。

也许和我带毕业生有关系，这几个故事都是发生在大四学生身上。如果按照功利的角度讲，很多仍然在默默坚持着的同学并没有达到所谓的"成功"，有些甚至还生活在被鄙夷、被不理解的视线里。"成功"的定义有很多种。有一类人明明知道有些地方看起来无法企及，但还是执着地朝那个方向去。因为属于他们的心灵之光一直在闪烁，从未熄灭。

如果负面情绪来袭……

心情糟糕得要命时，主要的反应就是焦躁。上班想砸电脑，下班想打孩子。当然，没有一样付诸行动，砸电脑，不敢，打孩子，不舍。但是焦躁淤积在心里又着实难受，于是我果断进行了一场负面情绪大作战。希望能对同学们有点帮助。

我想这并不是我的个案，可能有很多同学都跟我一样，在一段时期内由于各种各样的原因被负面情绪困扰，不知如何发泄。作为一个女生，我还能到处唠叨唠叨，实在不行就哭两声。如果是男生受到负面情绪困扰，我能想到的"最东北"的解决方法就是找几个好哥们出去喝一顿。但是这个办法被证实并不管用，古人就说"举杯消愁愁更愁"。那么，当这些令人难受的情绪来袭时，我们又该如何面对呢？

先说说我怎么解决自己的焦虑。诉说仅仅是其中的一个手段，机智的人当然不能仅仅靠它仗剑走天涯、打败焦虑。首先，从我意识到自己烦躁得不爱说话开始，我知道自己情绪出问题了。虽然工作很忙，还有几个紧急的表要交，但我还是会暂停一下工作节奏，起身倒杯水，站在办公室的窗边吹吹风，静待一会儿。在心里对自己说：我可能是有点累了，缓一缓就好了。这样自我调节一会儿，第一波的厌烦情绪缓解多了。怎奈中午要去交文件，在路上接到一个同事大哥的电话。他说："你在哪呢？学生又惹祸了，完事赶紧回来吧。"后来接二连三地接了好几个电话，虽然心里烦躁得不行，但还是紧急往学院赶。还好对方比较通情达理，折腾了一中午，事情算是顺利解决了。把学生送走后，我感觉自己难受极了，默默地躲在学院的一个角落里哭了。想起了很多陈芝麻烂谷子的事，甚至借机凭吊了一下我五岁时家里死的那条大黄狗，主要目的就是拼命让自己流泪。哭过以后确实轻松了不少。中午吃顿饱饭，感觉又满血复活。下午工作时，使劲把键盘敲得山响，感觉每敲一下，那个"啪嗒"的声音响起，心里就能轻松一点。下班后我给爱人打电话，诉说自己一天的状态和目前的烦恼，然而他并不能帮我解决什么。晚上给孩子洗完澡哄睡后，我把台灯扭亮，摊开一本小书，此时心里已经平静了。这焦躁的一天算是安然度过了。

我们每个人都有各种各样的情绪，曾经我高兴起来忘乎所以，发起火来不管三七二十一，伤心哭起来的时候更是唯恐天下不知。近年来，也许是随着年纪的增长，我开始慢慢地尝试做情绪的主人。当不良情绪出现的时候，能够及时意识到它，然后接受它，并且根据自己的实际情况尽快摆脱它，这是年龄增长带给我的一点改变。坏情绪并不可怕，它是我们情感的一部分，只要找到一个出口，合理宣泄，就能让你在生活的路上轻装上阵。其实生活本来就是"横看成岭侧成峰，远近高低各不同"，换个角度看问题，做情绪的主人，也许也是一个人渐趋成熟的标志。

最后，如果大家几天之内一直被不良情绪笼罩，推荐大家到学校的心理咨询室找专业的老师调整一下。我们的学校里还有一个心理宣泄室——一间能打拳的屋子。同学，你不高兴吗？咱们一起去打拳吧！

我听说这是个看脸的时代

一次到朋友家做客，一边闲聊一边看电视。她家的网络电视里正播着综艺节目，几个打扮奇特的少年在热火朝天、手舞足蹈地唱着饶舌。我平时不太看综艺，于是问她："这是什么节目啊？"朋友一脸鄙夷地回答说："你怎么当的辅导员啊？学生喜欢什么你都不知道，这是《中国有嘻哈》啊！'Freestyle'听说过吧？'嘻哈侠'听说过吧？都来自这里。"听她一番解说，我如梦初醒般点点头。

说来惭愧，我对于综艺偶像的认知还停留在周杰伦、林俊杰等，对于广受时下年轻人欢迎的"小鲜肉"们确实知之甚少，对于这些小男生更没有任何审美体验。闲时翻看《红楼梦》，偶然看到对于宝玉外貌的描写，书中写道："（宝玉）面若中秋之月，色如春晓之花，鬓若刀裁，眉如墨画，面如桃瓣，目若秋波。虽怒时而若笑，即嗔视而有情。……面如敷粉，唇若施脂；转盼多情，语言常笑。"那一瞬间，我的脑海中立刻浮现出鹿晗的面影，这样想来，时下对于"小鲜肉"的审美标准实际古来有之。这一点在古往今来的文学作品中可见端倪。无论是早期戏剧《西厢记》里的张君瑞，还是《牡丹亭》里的柳梦梅，都是长相俊秀、风度翩翩的年轻公子，一般出演这种角色的也都是身材匀称、唱腔优美的小生，昆曲里对于这两个角色的塑造更是极富文人的阴柔俊美之气。我又好奇地翻看了《水浒传》里关于第一帅哥燕青的描写，书中写道："（燕青）唇若涂朱，睛如点漆，面似堆琼。有出人英武，凌云志气，资禀聪明。仪表天然磊落，梁山上端的夸能。伊州古调，唱出绕梁声。果然是艺苑专精，风月丛中第一名。听鼓板喧云，笙声嘹亮，畅叙幽情。棍棒参差，揎拳飞脚，四百军州到处惊。人都羡英雄领袖，浪子燕青。"作为已婚人士，我看了这段，心脏也忍不住颤抖了一下。唇红齿白、精通音律和武艺的燕青可以说是惊为天人，放在现在也足够俘获千万少女的芳心。由此我想到了中国古代第一美男子潘安，据说他乘车出入街市时，经常会有老妇人赞叹他的美貌，忍不住往他的车里塞水果。而同时期一样才华横溢的左思却因为长相不好，总是引来别人朝他吐口水，可以想象当时左思受到的心灵创伤之大。可见以貌取人并不是现代社会才有的，相比之下，古代社会可能更甚。

　　爱美之心，人皆有之。同学们追捧谁都无可厚非，只要你的偶像可以在现实生活中给你正确的引导，他向上的力量、坚毅的性格以及高尚的品质能够引领你发现更好的自己，从这个角度说，这倒也是一件何乐而不为的事情。不过相比于炙手可热的综艺明星，我倒更想提醒大家把眼光放宽一点，我们的社会里实际上有太多的杰出人物值得我们推崇和学习。放弃国外优渥的生活、投身于祖国科学事业的黄大年教授，以身许国，初心不改。他的事迹在负面新闻频出的现今更显弥足珍贵。我觉得这才是一代知识分子的风骨和气节，他们值得我们每一个人学习和深思。在我看来，我们青年的榜样还应该是我们党的总书记习近平同志。从1969年到1975年，也就是总书记16岁到22岁这个时间段，他一直在陕西省延川县的文安驿公社梁家河大队插队，可以说他最宝贵的青年时光是在农村的广阔田野里度过的。在这里，他真正践行了"为天地立心，为生民立命，为往圣继绝学，为万世开太平"这一中国人最宏伟也是最古老的人生使命。

回到《中国有嘻哈》这档综艺节目上来，我相信看这档节目的绝大部分都是 20 岁左右的年轻人。舞台上的年轻人戴着光闪闪的帽子、墨镜，穿着令人眼花缭乱的夸张服饰，用这种独特的音乐形式来表达自己的内心世界。他们的歌词里有对于未来的憧憬和向往，也有现实中的苦闷和彷徨，当然也充满着"理想""情义"等热血的字眼儿。也许这就是这批"95后"与外部世界对话的方式。我试着去了解他们，就如同听惯了《小白杨》的老一辈要花很长一段时间才能接受我这一代人喜欢周杰伦吐字不清的唱腔一样。从鄙夷到接受再到欣赏需要一个过程，所有的前提都是彼此尊重，虽然我不懂你，但我试着理解你。

　　每一代人都会或多或少被打上时代的烙印，每一代人也都有属于自己的精神偶像。不管你的偶像是谁，他被贴上了怎样的标签，老师都衷心地祝福你。希望这个人能给你无形的力量，在父母和老师体察不到的精神角落里能时时赋予你跋涉于困境的勇气，在纷繁复杂的人世间能给你的心灵带来难得的欢愉和安宁。这就足够了，你说呢？

为什么你的英语四六级总是通不过

2018 年的英语四六级考试结束没多久，我遇到了一个学生干部，小伙子平时学习成绩不错，我满怀希望地问道："怎么样？这次能不能过啊？应该差不多了吧。"他略带羞涩地摇摇头说："估计又没戏了，下半年还得再战一次，感觉答得很不好。"

这已经是他们这批学生第六次奋战四六级了，然而过级率仍然不容乐观。我并不是一个"唯证是图"的人，这社会上有太多人捧着英语六级证书进入工作岗位，工作许多年连英文字母都没见过。我的几个好朋友上学时英语好得离谱，到现在也只能把专业当作业余爱好，这门技能完全成了没事看美剧的工具。我的自身经历让我在当辅导员之前一直对四六级证书不以为然。情况从学生进入大二的时候开始变化，那时我已经开始关注他们的就业了，有事没事就浏览校园招聘的各项信息。我发现，凡是规模较大、待遇较好的工作单位，都会有"英语四级成绩及格以上"或者"英语六级成绩及格以上"的硬性要求。这样看来，不管你愿不愿意，这个英语四六级证书还是要考，真是不能掉以轻心。

那到底为什么你的四六级就总是通不过呢？我讲一下我的一点体会。自打我开始有"美"的概念以来，我与肥胖作战大概十年了。为了减肥，我上网查资料，买书看，请教减肥成功者，直到现在，我对于各种减肥方法可以说是了然于心。折腾来折腾去，然而现在的我依然不瘦。如今我已经不再热衷于了解各种减肥方法了，多年的折腾让我明白一个道理，想瘦很简单，就是要做到"管住嘴，迈开腿"，并且坚持"管住嘴，迈开腿"。因为我许多年坚持吃，坚持不运动，所以我就只能许多年坚持胖。其实这个道理和考四六级很像。市面上研究这个考试的辅导机构和专家老师多如牛毛，应试技巧和解题方法数不胜数，比如记单词有"循环记忆法"，做阅读有"重点浏览法"，写作文有模板。很多辅导机构连高频词汇和词组都总结成书摆在你面前，但是你的考试分数依然惨淡。

那么问题大概出在你自己身上。仔细观察一下自己的生活，你真正为这个考试准备过吗？你坚持在三个月内每天抽出两到三个小时学习，背一本单词书，做二十套模拟题了吗？你坚持把一个听不懂的句子连续听十遍甚至二十遍了吗？如果这些你都做到了，我还想问问，你坚持在每天的两到三个小时里高效学习，不玩手机，不看图书馆美女了吗？默默地问一下自己，你就知道为什么你的四六级总是通不过了。道理其实特别简单。

贪吃和懒惰需要人去克服。我们喜欢为自己贮存脂肪、节约体力，可凡是想要取得一点成绩，大抵上都需要跟自己的人性做斗争。英语四六级并不是一个迈不过去的门槛，就看你舍得在这个门槛上花多长时间，使多大力气。

创业路漫漫

很多学生刚上大一就跑过来诚恳地跟我说："老师，我要创业啦！"然后他会把自己脑海中勾勒的宏伟蓝图一一向我展现：开几家门店，融资多少钱，解决多少就业……我刚刚参加工作时也经常觉得热血沸腾，觉得这个学生真有发展，忍不住在一旁连连加油鼓劲，就好像我也要发大财一样。

随着时间流逝，学生和我都在不断成熟。有一天在学院门前偶遇学生小强，我对这个学生印象特别深，他大一的时候经常来我的办公室，跟我畅聊自己要在学校附近创办一个家教中介公司的事情。为此我还特别给他推荐了在大学期间创业成功的我的弟弟，希望他们俩能互相切磋一下。然而后来小强来我办公室的频率越来越低，我还以为他是因为学业和生意都比较忙，也就没有多过问。直到大二下学期，看到小强再一次考了专业第一名，我跟他的班长说："小强真厉害啊！一边创业，一边学习，还能考得这么好。一定要专门开个班会，让他和大家交流一下。"那个班长很诧异地说："老师，你记错了吧，他没创业。天天泡图书馆，哪有时间做生意啊？"之后我联系了小强，问了一下他的近况。他很不好意思地跟我说："家教中心没搞起来，不仅没挣钱，感觉还耽误了很多学习时间，所以就

想着还是回归正常生活比较靠谱。"在我学生们的创业蓝图中，有要开火锅店的，有要开手机店的，还有要承包校园周围快递业务的。到了大三，大多数的创业想法都石沉大海，杳无音信了。时间消磨了年轻人最初的激情，最后只剩下创业路上的艰难和崎岖，真正坚持走在这条路上的人到最后寥寥无几。

其实说起创业这个事，不光是学生，很多工作了的成年人也许都会在生活中的某一刻涌起创业的冲动。因为财务自由和身心自由的诱惑太大了，在稍显浮躁的社会背景下，那些"一夜暴富，从此走向人生巅峰"的例子确实很具有吸引力。

现如今我们国家积极倡导"大众创业，万众创新"，为了鼓励大家创新创业，我们学校也开展了丰富多彩的创新创业活动。就我一点浅显的认识看，创新才是创业的基础，如果没有创新的点子和独特的经营管理模式，想要创业其实没那么容易。像家教中介公司、火锅店、手机店这类项目，如果没有创新，在校大学生和社会上的从业者相比，没有任何优势。你没有充足的时间，没有固定的货源，没有稳定的客户，可怕的是你还没有一颗吃苦耐劳的心。最后走向沉寂也就不难理解了。

有失败的案例，当然也就有成功的典型。学生小 C 应该算是一个在创业路上取得了些许成绩的典型。但是令我有感触的并不是他的项目有多好，他的经营头脑有多清晰，他的管理能力有多强，而是我在他身上看到了创业者的一个共性，他们都有一个共同点——坚韧。这个坚韧有两点解释：一是肯吃苦，二是能坚持吃苦。小 C 出生于东北一个普通的农村家庭，父母含辛茹苦供养着他和姐姐两个大学生。穷人的孩子早当家，他从入学开始就打算靠着自己的努力读完大学。他的第一桶金应该是靠做家教赚来的。那个时候的小 C 起早贪黑，只要自己没有课，他就奔波在这个城市的各个角落。为了省下坐公交车的费用，他自己买了辆旧自行车。不管酷暑寒冬，即使是临近年前他也不舍得早点回家，一直坚持着把老客户的孩子带完。随着做家教的经验和口碑的积累，他有了很大一批客户，也有了一定的经济能力和人脉关系，这为以后的创业打下了基础。为了尊重小C的隐私，我就不过多地表述他的经营项目和经营情况了。只是有一次他来我办公室跟我说，这样来回跑太疲劳，他打算过一段时间买个车，不是为了炫耀，而是为了节约时间和体力。他跟我说话的那一刻，我有点晃神儿，我在想他开着属于自己的汽车，想到自己骑着旧自行车穿行在大街小巷的那些岁月时又会做何感想？

　　创业路漫漫，我希望有创业想法的同学们，在怀揣梦想的同时，千万要脚踏实地，多一份坚韧。毕竟年轻的时候多吃点苦头，没有坏处，更何况你是一个创业者。

给你讲个笑话

给大家讲两个关于学生写请假条的插曲。

课间，学生气喘吁吁地来请假。他中午上课前摔了一跤，手上划了一道一寸长的口子，已经做过了简单的包扎。我原本很心疼他，仔细看一眼他写的假条，不禁一下子笑出了声。半张纸大的假条上，请假理由那一栏歪歪扭扭地写着三个字——"手拌伤"。我调侃他说："'拌伤'是个什么伤呢？"学生不好意思地挠挠头，说他一时忘记了"绊"字怎么写。

无独有偶，刚刚处理完"拌伤"同学，另一个同学也来请假，请假理由上赫然写着"拉肚子"。我摇摇头告诉他："能不能写'腹泻'啊？"五分钟过后，我从工作中抬起头，看眼前的学生正在玩手机，不禁问道："怎么还玩上手机了?!"学生尴尬地说："老师，我查查腹泻的'泻'怎么写。"

不单是学生，就连我自己也经常提笔忘字。一次要手写一个稿子，愣是想不起时髦的"髦"字要怎么写，只得写成了"时尚"。

由此我想聊聊我们的母语，聊聊我们的传统文化。处在网络时代，我们每天接收的信息无数，可是有些信息却在不断地传递负能量，甚至有不良商家或个人以此牟利。这或多或少都会对年轻人造成影响。如果我们的学生能够在学习专业知识之余多接受一点美学教育，多看点所谓的"闲书"，很多不必要的情绪和心理问题都会慢慢地自我消解，这实际上是一个学会和自我相处的过程。

　　同样是年轻人，你爬山登顶成功，站在顶峰上喊出的是"好高啊，好漂亮"，同伴却沉郁地念出"登东山而小鲁，登泰山而小天下"。你追姑娘只会说"我喜欢你"，竞争对手则用刚劲的笔体写下"关关雎鸠，在河之洲。窈窕淑女，君子好逑"。美好的句子和美好的事物一样，给人的心理感受肯定是愉悦的。在文学和艺术的世界里有最典雅的审美，相对于自然科学知识的教育，学会拥有感受美的能力也一样重要。同学，你现在还能否因为夏日夜晚的蝉鸣而自觉阴凉，因为一轮明月当空而倍感敞阔？如果没有这些细微的心灵体验，那我们的人生会缺少多少人间之趣啊！人生实苦，在各种欲望中浮浮沉沉是苦，好在有那么多好书、美景和有趣的人相伴左右。如果我们能有意识地培养自己的阅读习惯，增长自己的美学见识，接受更多优秀中华传统文化的熏陶，那我们也许就会多一份沉稳、宁静。心有依傍的人就不会陷入空虚之中，不会沉迷于手机游戏，不会执着于寝室里的鸡毛蒜皮。

　　如果你懂得"上善若水，水利万物而不争"的豁达，如果你懂得"为天地立心，为生民立命，为往圣继绝学"的社会责任，如果你懂得"匪报也，永以为好也"的人间情谊，那么你的精神世界里就会有一道道光。这些光总是会在你迷茫无助、失去依傍的时候为你指引最正确的前进方向。

　　我愿你明辨是非且胸怀坦荡，我愿你谦和安稳且坚韧无畏。我愿你懂很多道理，经历很多世事，却还能保留天真。我还希望你下次写假条的时候不要再写错别字。与你共勉！

专业不是恋人，犯不上灰心丧气

我经常被问到这样的问题："老师，我不喜欢我的专业，学也学不进去，我能怎么办？"被我找来谈话的学习成绩稍差的学生中有三分之一存在这样的疑问。这样的疑问也一直困扰着我。年轻学生的很多问题，有的我是有切身体会的，能说出点真情实感，有的只能依靠理性思考，不断抽丝剥茧，完善自己的思维框架。就专业这个问题，我是这么想的。

首先，大三的时候转专业是不现实的。对于操作性不强、成功率极低的事情，你自己又无力改变，那就只能选择积极接受，这是态度问题。大学教育不是天才教育，只要你勤奋学习，多用心，肯定不至于门门科目"大红灯笼高高挂"，被我找来预警学业问题。

其次，喜欢还是不喜欢，你得真正了解它才有发言权。我可以负责任地说，凡是深入地学习任何一门学科，你会发现它终将会归入极致抽象和逻辑框架之中。你最爱的电脑游戏本质是一堆抽象的代码，我喜欢的诗词歌赋是各种平平仄仄、韵母声母的堆叠。所以有人说，毁了一个兴趣的最好办法就是把它变成教科书。生活本来枯燥，留点属于个人的遐想空间总是好的。

再次，你还得明确一点，大学的学习是让你通过大量的高负荷训练拥有一种职业精神和技能。这是你初入社会所依靠的本事，你总得有一技傍身才能出去闯荡啊。它就像《三国演义》里诸葛亮留给刘备的锦囊妙计，平常的时候你可以使用别的技能，但在山穷水尽的时候，你还能依靠它救你于水火之中。这样说，你有资格嫌弃你的专业吗？

最后，从就业形势上看，学工科的同学就业率还是比较乐观的，很少存在因为专业冷门而嫌弃它的情况。就算是一些冷门的专业，目前就业不乐观，但是谁又能保证它在几年以后是什么样的呢？

有段话曾经很受追捧，大意是：不管你学什么专业，找工作一定要找个你喜欢的，这样你每天早晨六点到晚上八点都是高兴的。再找个喜欢的人在一起，这样晚上八点到早晨六点就是开心的。这就是生活。当时很多人对此深以为然。可是生活总是现实的，你不能用选爱人的眼光来衡量工作。最后给那些依然在纠结、在埋怨、在悔恨的同学一句忠告：在羽翼丰满之前，请给自己留条后路，而且尽量保证这条后路的筑路质量，没准哪天你自己就走上去了。

秋季篇
QIUJI PIAN

你好，少男少女！

有一本书叫《只有医生知道》，作者是一名来自北京协和医院的妇产科临床医生。大量丰富的医学常识和临床案例在她温婉的笔调之下娓娓道来，把它当成一本女性生理知识的科普书实在再合适不过了。

作为一名已婚已育并且受过高等教育的女性，我讶异于自己过往对于这部分知识的匮乏程度。性教育一直是我们国家在积极倡导，却又整体进步缓慢的领域。回想起来，大约在十五年前一个夏日的午后，我们班四十多名同学端坐在教室里，有些期待又畏惧地等待着生物老师上生殖健康课。女老师三十多岁，穿着朴素，说话有些平卷舌不分。铃声响了，我们屏气凝神，不知道老师会怎样开口。结果女老师翻开课本，叹了口气说："大家自己看看书，今天这节课上自习。"这是十五年前我所在初中的真实情况。很多父母、老师谈性色变，他们的孩子只能通过其他渠道一知半解地学习这部分知识。随着网络资源越来越丰富，更多的年轻人会在网上寻找资源，以满足自己的好奇心。学生们接受的这方面知识的质量可想而知。

学校开展防治艾滋病的活动，每个班级都要按要求开班会，读宣传手册，发防治知识的宣传单，但我知道，能真正端正态度认真看的同学太少了。学校周围贴的一些传单和电视上播出的一些广告也让我心惊肉跳。时代在发展进步，人的观念也变得更加包容和开放了。只要教育好我们的学生，相信他们自身也有分寸。

我已为人母，我也有一个小女孩。老百姓都说，养男孩的只要攒够钱就行了，养女孩的其实更操心。其中的含义大家心知肚明。其实每一个女孩都是父母的掌中宝，现在大学里的姑娘更是一个比一个漂亮，对自己的护理可以说是面面俱到。她们熟知各类面膜的功能，出门要涂两遍睫毛，挑剔身体乳的质地和味道，会定期给自己做足膜、去角质。在学校三令五申不允许使用违规电器的高压下，她们依然冒着受处分的危险在寝室里用着电烫棒等物品。然而又有几个人能完整地说出女性来月经的原因呢？可能我的话不太招人喜欢，但是自古忠言逆耳，作为一名女辅导员，更是作为一名姐姐，我觉得自己有必要说一说这些大家都避而不谈的事情。年轻的姑娘啊，请不要让身体之花过早开放，以免在未来本应该盛开的时刻，你却黯然神伤。退一步说，如果真的是两个人真心相爱，彼此认同，那么不管是男生还是女生，在了解对方的基础上，应该更多地互相保护，多懂得一些避孕常识，做好卫生工作，为自己和恋人多一份体谅和考虑。

我不喜欢站在道德的制高点上说一些漂亮话，有些事情与道德无关，也没有对错。我只是想提醒年轻人，不管是男同学还是女同学，如果遇见自己解决不了的问题，不管你做了什么，请第一时间联系你的父母或者老师，他们也许会生气、会失望，但是一定会给予你最大程度的支持和帮助。

有个姑娘失恋了

我总觉得这世上的每个姑娘无论长得是否漂亮，身材是否火辣，家庭条件是否优越，学习成绩能不能名列前茅，都应该有一些骨子里的小骄傲，即使身居陋室，也能有积极向上的精神状态。就像国画大师徐悲鸿所说的那样，"人不能有傲气，但不可无傲骨"。

有一段时间，学校组织全体辅导员培训，培训的后半程是对大学生心理危机进行干预的场景模拟。设定的场景是一个叫作小敏的南方姑娘来北方求学。小敏家境一般，性格内向，在她 12 岁那年，父母给她添了个弟弟，这让本来就有浓厚重男轻女思想的父母对她更加冷漠。小敏初来北方时非常不适应，与同学的关系也频频出现危机。后来她在网上认识了一个比她大十岁的男人，这个男人给了她强大的安全感，于是小敏违反校规，出去和这个男人同居了。结果在生活的过程中，小敏偶然发现自己全身心信任和依赖的这个人居然有自己的家庭，她悲愤交加，回到学校后企图割腕自尽。模拟的场景正是寝室同学把小敏手中的小刀夺下，然后给辅导员打电话求救的场面。我当时是本色出演，身份是小敏的辅导员。实事求是地说，对于学生的失恋问题我处理得不多。我的学生绝大多数是男生，男生失恋了之后一般不会找女辅导员诉衷肠，基本上跟几个哥们儿喝喝闷酒、唱唱歌就过去了。这次的模拟测试让我心里很没有底。我在场下想，姑娘这个时候肯定特别伤心，我本身木讷，不知该说点什么，那就紧紧地抱一抱她吧，让她伏在我肩上哭一会儿也好。想是这么想的，结果轮到我上场，看到饰演小敏的同学严严实实地戴着口罩。她没有我想象中的痛哭流涕，而是采取冷漠态度，不理睬任何人。我上去拉着她的手对她说："小敏，你怎么了？"她恶狠狠地抽出手说："不用你管！"这让我瞬间没了气势。后来要不是其他同事救场，我还真不知道该跟她说点什么。一场模拟测试下来，我受到了很大的触动。如果日后真的遇见这样的问题，我该如何面对呢？

一天，我正埋头整理学生的请假材料，耳边传来一个怯生生的女声："辅导员，你有时间吗？我想跟你说点事。"我一抬头，发现是我的一个女学生，小姑娘长着一副瓜子脸，脸色略显苍白，眼睛肿得红通通的，人特别憔悴。从她大一的时候我就认识她，但是除了例行的工作，我们并没有太多的交集。我顿了一下说："有时间，小玉，你有什么事情吗？"她点点头说："咱们能不在这儿说吗？"我把她引到了学院走廊的小沙发，那里相对安静，如果不是课间，来往的人并不多。我还没开口，她先说话了："姐，我分手了。就是心里难受，想跟你聊聊。"说到"分手"二字的时候，她明显哽咽了一下。我突然很心疼她，鼻子不知怎么也有点酸酸的感觉。头脑中那么多辅导员应试中的条款竟然一句也说不出来。我想那一刻我最好的角度不是辅导员，而是一个在性格上、情感上已经趋于成熟的女性正面对自己受了感情伤害的妹妹，不因别的，只因她对我的这份信任。我随手摸了一下她的小脸说："你怎么这么没出息，哭成这样。你这难受的样子，既便宜了那小子，又让你妈妈心疼。你说值不值？"她低垂着头说："姐，我就是难受，我就是想不明白。凭什么啊？我哪里不好啊？"这可能是很多被动失恋的姑娘反复问自己的话。她们还不知道这世上的感情有很多种，两情相悦、忠贞不渝只是其中一种，除此之外，有的仅仅只是彼此习惯，有的只是条件相当，甚至还有的可以离谱到奉子成婚。校园恋情美好而单纯，这是它的可贵之处，然而大四学生一旦碰上面目狰狞的现实，一切就会变得脆弱不堪。曾经没有被考虑在内的人为因素也轰然登上了"大雅之堂"，工作地点的分歧，家庭条件的差距，对彼此未来发展的忧虑，全部会成为感情破裂的导火索。所以无论是男生还是女生，都可能遇上毕业就失恋这件事。我缓了缓，接着对她说："分手难受这个事，谁也替代不了你，肯定得有这么个阶段。你要做的就是尽量缩短这个时间，不能每天哭天抹泪的，那样连你自己都会看不起自己的。你得好好打扮自己，在找工作上多努力、多用心，坚持健身、护肤和读书，结交一些优质的朋友。既然已经选择转身了，那为什么不让背影优雅一点呢？至少你自己知道你是胸怀坦荡、问心无愧的。至于以后他过得怎么样，都和你没有关系了。你只需要让自己足够强大，强大到未来可以有力量去保护另一份值得的感情，那才是真正的幸福所在。"我说完这些后，小姑娘泪光闪闪地冲我点着头。

经济学里有一个名词叫作"沉没成本"，我把它通俗地理解为，你在一件不可能有结果的事情上，也可以说是失败的事情上曾经付出的时间、精力或者情感。失恋这个事也一样，当一切都已尘埃落定，你能做的就是把自己的"沉没成本"降低到最小值。

最后，如果更多的小敏或者小玉能看见这篇文章的话，老师送你们一句丰子恺大师的名言。这也是我非常喜欢的一句话："不乱于心，不困于情。不畏将来，不念过往。如此，安好。"

多年的辅导员熬成姐

　　学校举行毕业生供需见面会，作为大四毕业生的辅导员，我坐在主会场的学院服务区，带着办公室的公章，负责给能够直接签约的学生盖章和登记。我的学生们看到我坐在那，纷纷跑过来打招呼，他们围成一圈聊着找工作的酸甜苦辣，我听着心里五味杂陈。

　　他们说：姐，这工作太难找了，我参加了好几家的面试，都在让我等通知。不知能不能行。

　　他们说：姐，很多公司不是不要咱们学校的学生，就是懒得来招人，他们在哈尔滨就能招满了啊。

　　他们说：姐，出去一回，知道出门在外有多不容易了，又累又上火呀。

　　我知道学生们找工作找得有点疲乏了，就是冲我发发牢骚。我笑着听他们的抱怨，并不觉得灰心和消极，毕竟更多的学生还是在彼此鼓励，因为他们在说这些不太开心的经历时也依然面带微笑，语气铿锵。

　　多年的辅导员熬成姐，在很多非正式的场合，我都以一个姐姐的心态和行动来对待这群即将毕业的学生。其实在学生们大一的时候，我非常不喜欢他们管我叫"姐"。一是这个称呼能让我隐约感觉到有些学生在主动拉近关系。二是老师就是老师，为什么一定要把家庭成员间的称呼加进来，这在工作中显得特别不正式。经过我多次在班级干部例会和班会上强调，终于很多学生不管我叫姐了，当时我心里感到轻松了好多。

时间走过，跟同一批学生在一起相处三年多，见证了一个又一个学生的个人成长、生活选择、恋爱过程，甚至是家庭变故。他们很多人也见过我劈头盖脸地大发雷霆，低头不语地默默流泪，瘫坐在办公椅上呼呼酣睡的糗样。突然有一天，在校园的路上，在办公室里，我们见面，这一群神经大条的工科男生，毫不思考地跟我打招呼：姐，下班啦！姐，你也在食堂吃啊！姐，我想开个在校证明！一切都那么顺理成章，我不觉得违和，他们也是自然流露。

我知道，多年的辅导员熬成了姐。

我明白，于理，这样的称呼肯定是不妥的，于情，又不忍再次纠正他们。快毕业了，离开学校后他们将各自天涯。大部分同学会很快忘记那个被他们在背后抱怨过无数次、管东管西的辅导员，也许也会有那么一小部分人记得那个为他们劳心劳力处理问题的姐姐。但记住和忘记都那么微不足道，至少我们在共同年轻的岁月里，闯入过彼此的生活。我曾经因为他们半夜给我打电话问我身份证丢了该怎么办而无奈至极，他们也曾经因为出勤不好而被我批评得垂头丧气。在相互"伤害"和相互帮扶的三年多时间里，辅导员变成了姐姐。

学院开展教师寄语活动，我毫不犹豫地写下了三行字。

祝所有同学们：找到心仪的工作，拥有美好的前程，

永远怀揣激动人心的梦想。

永远年轻，永远幸福。

这是我对他们最后的祝福，这是来自一名辅导员的祝福，来自一个姐姐心底的话。

祝我的弟弟妹妹们一切都好！

裹在记忆里的旧时光

　　每年入秋时节，母亲都要连着忙上几天，那几天她会被各种各样的蔬菜包围。茄子、豆角、黄瓜是必然要有的，量也大，除此之外，偶尔还会有萝卜、南瓜、土豆，量相对少些。这些蔬菜被她切成丝或者片，井然有序地排放在阳台的各个角落。受过太阳普照的蔬菜们没几天就迅速变干，几天之后，紧急集合，收袋入库，留作冬天或者春天偶尔的尝鲜食品。虽然每年母亲都说晒好这次，明年就不晒了，搭工出力还被家人埋怨占用公共场地，但是一到时令，家里的阳台、窗台上必然还是会见到大批蔬菜集合的场景，年年如斯。我远远地仿佛又能闻到裹挟在时间长河里的旧日子的味道。

　　现代社会生活紧张忙碌，年轻人提起最多的是"极简主义"和"断舍离"，很多人会花钱去听如何进行时间管理，怎样拥有自律、高效、目标明确的生活。这个社会的精英人士无不是自律、财富、高学历的代名词。中国人依靠传统的勤劳、内敛、坚韧等国民特征，在工业4.0的时代背景之下，创造了一个又一个中国奇迹。中国经济飞速向前发展的背后其实是无数个勤劳拼搏的中国人在各个领域里艰苦卓绝的奋斗。同学们是否偶尔也会和我一样，怀念那些仿佛被虚度了的遥远的旧时光以及那些没有高度自律、没有争分夺秒的慢时光呢？如果突然感觉生活、学习的压力有些大，请静下心来，放慢一点脚步。去校园里走一走，体育场旁两排硕大的白杨树开始落叶了，在自然铺就的金色地毯上漫步一定会心旷神怡。到四丰山的田野里逛一逛，黑土地广袤无垠，嗅一嗅田野里泥土的芬芳，那里有最原始的生长力量。在广阔的天地之间，自己的疲惫和压力会显得微不足道，转眼间就被一扫而空。还可以趁着假期回到母亲身边，吃几口家里的粗茶淡饭，和父母逛几次早市、夜市，在市井生活中重新感受生活的生命力，那一阵阵小商小贩的叫卖声，那街边摊腾起的阵阵香气，那熙熙攘攘的东邻西舍的招呼和寒暄。自从有了城镇，有了商业活动，我们的祖辈和父辈就这样在土地上生活着。

很多同学说："老师，我总是静不下心来。怎样能让自己的心安静下来呢？"适当远离电子产品！重点要说的就是手机。很多现代人都或多或少有着"手机依赖症"，"低头族"的数量逐年增加。手机在娱乐大众的同时，也挤占了大家太多的个人时间，很多人几分钟不看手机就会焦躁不安。各类 APP 鱼龙混杂，在光怪陆离的屏幕背后是年轻人日渐空虚的精神世界。手机毕竟只是工具，工具就应该为人所用，如果本末倒置，人成了工具的奴隶，那将是何其可悲可叹呢？

回过头说说文前提到的那些朴素的吃食吧。那些熟悉的味道经常让我精神舒缓，焦虑尽扫。灶台炉火间，晒好的干豆角丝、土豆块和肥瘦相间的肉丝炖在一起不多时，厨房中就渐渐升腾起一阵阵醇厚的菜香，那是土地里生长的植物混合着充足阳光的味道。这样的吃食让人心安，让人吃进去腹胃舒适，仿佛五脏六腑都充斥着阳光。

孩子们，趁着假期，放下所有学业上的焦躁和忙碌，回到故乡的小院，回到儿时的田野，回到心灵最自由的地方。

我的孩子什么都不跟我说

　　由于 2017 级学生是大类招生，在他们大一学年临近尾声时开始专业分流，我也跟着忙碌起来。分完专业分班级，分完班级分寝室，一切打乱重新布置，仿佛又迎了一次新。学生们都有些伤感，也有些兴奋，面对未知，大家或跃跃欲试，或心有惶恐。等待他们的将是另一场不一样的大学旅程。

　　一个周日的晚上，我正在给孩子讲故事，一个外地的电话不期而至。电话那头是一位女士，再具体点说，是一位焦虑的母亲，她的声音有些沙哑，说起话来语速很快。她焦急地问我："郑老师，是不是要分专业了？有几个专业啊？您那里有没有这几个专业的排名呢？我问孩子什么他都不跟我说，哎呀，我都急死了。哪个专业好啊？他报的是什么呢？"面对她连珠炮似的发问，我一时有点惊讶，对于在大学里选择专业这件事，绝大多数学生都会和家里商量，即使得不到家里的有效建议，家长一般也会知道这件事，而电话里的这位大姐似乎对于这件事毫不知晓。大姐不断跟我强调孩子什么都不跟她说，她只能跟着干着急，万不得已才这么晚把电话打到我这儿。她的语气中透露着阵阵的无奈、伤感和焦虑。

　　我总能见到焦虑的家长，以母亲居多。很多妈妈对于孩子的问题总是事必躬亲，这简直成了她们的一种生活习惯。在母亲的眼里，孩子是永远不会长大的，但是她们往往忽略了一个问题，孩子并不是母亲的私有财产。从他独立地发出"不"或者"不要"的拒绝开始，他就已经有了自己的好恶判断。这是人生中非常重要的一步，说明他开始按照自己的意愿选择他更喜爱的抚养人或者更喜欢的食物。我的学生们一般在20岁上下，这个时候正是他们青春期的尾声，他们彰显自己独立意识的欲望更加强烈。他们恨不得要向全世界宣告"我已经长大了"。他们开始懂得建立自己的社交圈，他们开始为自己规划人生道路和职业生涯，他们开始选择和自己喜欢的异性进行交往。总之，他们的世界观、价值观已经基本成型。而父母在此时通常仍然沿用以往的教养方式，凡事以爱之名过多追问、干涉，不断入侵孩子的精神世界，削弱他们作为自己世界中的王的感觉，这也是在潜意识里不断告诉孩子"你不行，你世界的王仍然是我"，结果必然引起孩子的反感，凡事不愿意与家长沟通。此时作为家长，最好的状态是默默注视，仔细观察。我想，在较为民主、平等、宽松的家庭环境中长大的孩子，在面对重要人生选择的时候肯定会和父母商议。商议的前提是父母不会替他做决定，也不会对他的个人选择指手画脚，而是冷静有效地为孩子分析事情的利弊得失。至于怎样选择，还是要充分地尊重孩子的想法。

"我们的专业总体就业都很不错，您不用上火。这次如果他能进到心仪的专业，他就更有信心了；如果没报好，进的不是他想进的专业，也算是给他上一课。大学可是最好的试错场啊！每个生命都是独一无二的，你不能代替他走完一生的路。你应该学会慢慢放手，保持适当距离，在你还能保护的范围之内让他学会独立行走。总有一天他要离开你的保护伞，飞向你看不到的蓝天。"这是我跟那位大姐说的最后一段话。

每个生命个体都应该被给予足够的尊重，即使你爱子如命，也不能以爱之名在他的精神世界中信马由缰。谨以此与广大家长共勉。

哪有那么多好事等着你

一到大四学生的就业季，我就变得异常繁忙，每天找我请假去实习、参加招聘会、咨询问题的学生络绎不绝。枯燥忙碌的日常工作中，最让我高兴的事莫过于给学生的三方协议盖章。重重的红章按下去，我心里每每有一丝放松，这意味着一个家庭培养多年的大学生终于能养活自己了！但是也有很多同学还在迟迟观望，没有找到心仪的工作，甚至有人盖完章后打退堂鼓，来找我咨询"如果想违约的话该怎么办"。

找不到合适的工作和找到了想违约的原因大致可以分为两个。第一是跟钱有关，觉得公司待遇不好或者工资太低。第二是跟付出有关，觉得公司未来的工作环境太差或者工作强度太大。大家都期盼着下一次能找到好工作。那到底什么样的工作才是好工作呢？学生们的普遍想法是挣钱多、工作环境好、工作强度低，或者是这三者的综合分能高点。可是我很遗憾地告诉大家，很难找到这样的好工作。从一个人正常的生命轨迹上看，能真正轻松的时候大致只有读书求学的时候，这时大部分人只需伸手管家里要生活费就可以，一旦进入社会，开始自己打拼，所有的一切都会变得不容易。但是学生们对这些体会并不深，他们在温室里生活的时间太长了。

真正的工作没有好坏之分，美好的生活都是微信朋友圈里被粉饰过的太平。我羡慕大学同学有时间、有钱，能在我工作繁忙的时候到处环游世界，可是她每天加班到深夜，周六和周日还要去英语补习班恶补英语的日子，谁又知道呢？我的一位好姐姐做微商，挣了不少钱，大家都觉得她这个副业做得好，可是你想过她每天下班后要编文案，要修图片，还要考虑哪个时间段受众最多吗？我一直坚定地相信，没有那么多容易的事，天上掉的馅饼绝大多数都是陷阱。

找工作这个事，最怕人云亦云。原本兴高采烈签下的公司，回过头被同学说"感觉不怎么样啊"，你一腔豪情瞬间凝固，于是开始慢慢动摇，觉得新找的这个工作确实是工资不多，生活的城市物价也高。突然有一天，家里人又打过来一个电话，跟你说"你再考虑考虑吧，你舅舅家的哥就在那儿，他说工作特别累"。好吧，压倒你的最后一根稻草来了，你急急忙忙地跑来找辅导员说自己不想去了，想再找找看。每个人都有追求更好生活的权利，学生想要找个更合适的工作，我作为辅导员只能说"好吧，你想好了就行"，但内心里惋惜连连。

工作的底线是养活自己，更高点层次的可能是满足个人的存在价值和社会尊严。对于一个刚刚毕业的大学生来说，能够做到不向父母要钱，通过工作养活自己就达到及格线了。至于你为了及格付出多少努力，受过多少苦，那都是你的本分。你觉得工作环境不好，工作强度太大，工资给得又少，你不快乐，你拼命想逃离，可你想过你吃的每一口饭都是自己辛苦挣来的吗？你穿的衣服和鞋，你给家人买的礼物，都是工作一点一滴回馈给你的。这才是真正的尊严所在。

不要总是毫无根据地期待下一个"最好"，你要明白你自己能掌握的才是真正的"最好"。你需要做的只是头脑清晰、脚踏实地地默默前行，积累经验和能力，悄然等待属于自己的花开时刻。

如果承认自己弱，你就赢了

每年一到评选奖学金、助学金的时候，我都会稍有些焦虑，因为这些评选和学生切身利益相关。不断地开会，和领导、同事开会，和班级学生代表开会，目的就是想找到一个让大家都满意的、相对公平的评选方式，然后把所有材料准备充实，公之于众。就算是费尽心力，也难免会有学生跑过来问我，为什么这次没有他。对于这样的学生，我会把评选规则和材料再一次罗列出来，告诉他哪里不合格。即使是这样，个别学生还是会在背后议论，说是某个得奖的同学因为和老师关系好，所以才获得了评选机会。我只想说，我不认识这些同学的叔叔、舅舅，不认识他们的二姨、三姑，他们入选仅仅是因为他们更优秀！同学，你为什么就不愿意承认这一点呢？

很多时候我们都不愿意承认自己比别人弱，我们把失利的原因归结为家庭条件不好、运气不好、整体规则不公平等外在因素。然而临近而立之年，我终于领悟到一个道理，我们对于一些事情内心有所期盼却没有得偿所愿，主要原因是自己弱。

我愿意和大家分享一下自己的故事。2012年年初，我临近毕业，工作还没有着落，心里自然着急。考了两次公务员，很巧合的是，人家要一个，我考第二，人家要三个，我考第四。于是别人问我工作进展的时候，出于虚荣心，我也总是先找一些想当然的原因，把自己的失利推到考试有黑幕之类的理由上（真为那时的自己感到汗颜）。参加工作后，我接触了很多人，有可以熟练使用英语和日语的漂亮白领，有能写、能说、能吃苦的公务员，还有心思细腻、毅力超凡的创业者。他们智商高、情商高，读书也不少，更重要的是人家还很努力。于是我开始反思我自己，考公务员时申论答得乱七八糟，考不好就说考试本身不公平，在外企时工作效率低，就抱怨加班累，这一切行为都是失败者思维在作祟，是一种不良的思考模式。我从来没有在自己身上找原因，甚至有意弱化自己能力不足的事实。就是自己弱，没有其他理由。既然知道自己需要什么，那就抓紧时间补，读书、写作、练口才，忙还忙不过来，哪有精力去猜测那些捕风捉影的事情？27岁那年，我明白了这个道理，人也变得更加务实和豁达。

同学，你说自己胖，可一减肥你就喊饿；你说要好好学英语，然而一背单词你就困；你说要得奖学金，可你上课翘课，下课打游戏，奖学金没得上，你就说老师不喜欢你。这是怎样混蛋的逻辑啊！我相信，没有怀才不遇这件事。同学，你可以通过数年来的坚持和努力成就自己。

承认自己身上各种各样的瑕疵，然后补足短板，发挥优势，一切还来得及。同学，如果承认自己弱，你就赢了。

同学，还有比进卓越班更重要的事情

卓越工程师班（以下简称卓越班）的遴选工作开始之后，我负责统计学生们的报名情况，做好上传下达的相关工作。报道第一天，在统一召开的新生家长会中领导们针对卓越班政策已经做了很详尽的解读。当时无论是家长还是学生，都对卓越班很感兴趣，大家纷纷摩拳擦掌，跃跃欲试。真正报名的时候，果不其然，有四分之三的学生都想试试。学生们的学习热情高，我也打心眼里高兴。

卓越班遴选考试的前一天下午，新生军训场骄阳似火，号令声、踏步声此起彼伏，不绝于耳。对于大多数学生来说，这又是一次艰苦的训练。我守在场地，我的搭档小吴去学生寝室检查内务。由于这几天学生的内务评分总是令人不满意，我和小吴都很着急。她是个急性子，她在去之前坚决地说："这回每个寝室都要看仔细，学生收拾不好，我就帮着收拾！"下午操课进行过半，太阳好像更毒了，我来回踱步，不住地往训练场门口张望，盼着小吴早点回来反馈检查情况。工作是很用心在干，内务评分要还是倒数第几，我俩真是太不甘心了。终于，太阳有些偏西的时候，小吴拖着疲惫的脚步回来了,张口的第一句话是:"思严姐,你那儿是不是有个叫小木的学生?!"我不假思索地说:"是啊,他今天跟我请假,说得了重感冒,挺不住,要去校医院输液。""得了吧,那学生在寝室,看着比我都健康,在那儿准备卓越班考试,偷偷看书呢!"小吴大着嗓门冲我说。我顿时愕然。

我想起下午操课开始前,一个叫小木的学生打来电话,他声音虚弱,说话断断续续。他告诉我他得了重感冒,想去校医院看病,已经跟教官请好假了,教官说让他再跟辅导员请个假。我当时感觉他病得确实难受,就同意他直接去校医院,然后拿着诊断来我这里开假条,没想到结果却是这样。事后我没有找他谈话,也没有当面揭穿他,过几天,等他自己想明白,我再和他谈谈。

目前的教育现状很奇怪,3 岁的孩子博古通今,精通各种才艺,可 20 岁的大学生却还需要让人教他们懂礼貌、讲诚信等做人的基本道理。能进入卓越班学习自然是一件可喜可贺的事,但是如果为了进入卓越班而想方设法欺骗教官和老师,既对其他同学不公平,又是对诚信的亵渎。这样的学生即使进了卓越班,也难称优秀。

经过笔试和面试后,卓越班的名单开始公示。我看到了家境清贫、父母无劳动能力的小文的名字,还看到了常年受先天性疾病困扰的阿亮的名字,但是我没有看到小木的名字。这些先天条件并不占优势的同学突破重重困难和阻力,终于品尝到了胜利的果实,而投机取巧者却功亏一篑。也许要小聪明可以得到一时的小利,然而做人是一件长久的事,靠投机获得蝇头小利的行为终究逃不过别人的眼睛。

未来的路那么长,还有太多比进卓越班更重要的事情等待年轻学子去争取,希望这次的事情对小木来说也是一次警醒。老师不要求你们个个道德高尚,人品毫无瑕疵,但有些底线必须遵守,比如诚信,比如正直。从小我们就听过《狼来了》的故事。人与人之间的信任是世上最经不起消耗的东西，它那么美好又那么脆弱，需要我们始终用自我道德的上限去维护。守住自己的诚信，这是做人的根本，也是成事的基石。

人都会犯错误，知错能改，善莫大焉。

我把青春献给了你

同学们，请认真看完一个辅导员老师的碎碎念。看到这个题目，你们也不要有负担，投身辅导员工作是我们的使命和荣光，我们不胜欢喜。

我的同事大哥带大一学生的时候，从领着学生军训到准备运动会表演操大概有一个月的时间，一直都是每天早上五点半到现场，晚上天黑到看不见人才回家。傍晚我们去运动场探班，他穿着一身运动服，人黑了一大圈，正哑着嗓子规范一个同学的体操动作。红彤彤的夕阳洒在他脸上，能看见他的眼睛周围浮现出好多鱼尾纹，明显苍老了。我打趣变黑了的他道："哥，你已经不适合穿荧光绿的衣服了，显得更黑啦。"他爽朗地笑笑，露出两排洁白的牙齿，抻着衣服说道："是吗？你嫂子新给买的，我得穿啊！"是啊，在爱人的心目中，他永远是那个面容白皙、风度翩翩的俊朗青年。和大哥聊天，聊到他十年的辅导员生涯，学生换了一届又一届，他也从青年走向了中年，脸上出现了皱纹，头上生出了白发，以前带学生活动可以连轴转，现在多少也觉得有些吃不消了。唯一不变的是对工作十年如一日的认真态度和不懈坚持。同事大哥也是我们这个队伍里大多数人的剪影和真实写照。

我常常觉得自己从事的是一门"朝阳"产业，因为学生们永远都是二十岁出头，我们迎接的永远都是这个时代里思维最活跃、体力最旺盛的一代人，他们有使不完的劲，想不完的奇思妙想。和他们长时间在一起，我们永远可以第一时间了解年轻人的思维方式和生活方式，我们感觉自己也永远不会落伍。如果说这世界上真有长生不老这种事，辅导员应该算是一类人，从某种程度上说我们可以永远保持在二十多岁，因为我们就生活在青春的王国里。

然而岁月毕竟不饶人，随着年龄的增长，体力上的劣势就明显出现了。我们想和年轻的学生们共同进退，刚参加工作的时候也还可以，我们和他们一起泡在各种活动里，从黎明忙到深夜。那时候我们没有家庭，没有等着接送幼儿园的孩子，父母也都身体健朗。时光的年轮行至中年，我们也在体会着生命个体的悄悄转变，他渐渐有了"啤酒肚"，我连着熬几个夜，黑眼圈就挥之不散。幼小的孩子嗷嗷待哺，父母的身体也渐渐呈现出衰老之态。我曾经因为这样一件小事特别纠结：我的工作要求我要 24 小时开机，可作为一个小小孩子的母亲，我每天晚上要哄她睡觉。有时候，突然响起的电话铃声会把她惊醒，她吓得哇哇直哭。我心里的懊恼和心疼也许只有当了母亲的人才能体会。如果关机或者调成静音模式，又怕学生半夜临时有情况。后来我只能想到一个折中的办法——把手机调成振动模式藏在柜子里。这样声音不明显，孩子意识不到，但是我能听得到。因为半夜打电话的事情，我还给学生们写信，请求他们如果事情不急，尽量不要在晚上八点之后给我打电话。因为除了是他们的辅导员，我还是一个一岁孩子的母亲。在这之后，电话确实少了很多。说到这里，也要感谢我的学生们对我的理解。我的学生们，你有你的苦恼要跟辅导员诉说，你的辅导员也有很多无解的问题在叩问着自己。每个年龄段都有自己的困局，这是常态。大家互相理解为好。

我最爱的学生们，老师希望你们的关注点不要总放在我的身上，一场活动下来不要总是盯着老师在不在。在我看来，"慎独"应该是一个君子最应该具备的品质。也许你的辅导员在上学的时候比你们现在要积极得多，勤奋得多。他毕业的时候很有可能有更好的职业选择，只是出于对这一份工作的向往和热爱，他走上了辅导员岗位。寒来暑往多少春秋，他的青春渐渐消逝在平凡的岁月之中，他成了你们现在看到的中年人。大家都是明事理的孩子，我只是希望在我们因为孩子上学、父母生病、公务出差等特殊情况不在你们身边的时候，你们也能表现得一样优秀。有些事情不用解释，岁月自然会给你答案。你只要知道，有时候他虽然没在你身边，但是他在记挂着你，你要好好做。

我如果爱你

父母之爱子女，则为之计深远。

——《触龙说赵太后》

2017 年的迎新季对我来说意义很不一样，我迎来了自己人生中的第二批学生。有时候会感慨自己这份工作四年一个轮回，然而一生又有几个四年呢？所以我异常珍惜生命里的每一场"一期一会"。

第一位来报到的学生来自贵州，担心误了报到时间，他和父亲坐了两天火车，提前四天辗转到达佳木斯，到我办公室的时候已经难掩一脸的疲惫。八月未央，这座北方的边疆小城凉意渐浓，从千里外赶来的父子还穿着短衣短裤，学生胸前抱着一个半新不旧的双肩书包，眼神里有些许兴奋。父亲面庞黝黑，身量不高，略显清瘦，身后背着一个巨大的灰黑色的口袋。我不知道"口袋"这个词用得是否准确，因为它不是你们所想的拉杆箱或者任何一款箱包。领导及时帮助协调了寝室，父子两个安然去安排自己的住宿了。所有的沟通和协调都是学生自己办好的，根据我以往的经验，可能是家长的普通话说得不太好，只能在身后不断小声提醒和督促孩子别丢三落四、注意礼貌。

　　一对父母大包小包地拿着入学的行李，后面跟着个拿着资料袋或者背着小书包的兴奋不已的学生，这是每年迎新季最常见的一幕。也许大多数人也都是这样被父母捧进大学校园的。之前和很多家长打过交道，原因很多，也许是学生因旷课、成绩差被学业预警，也许是学生因人际关系处理能力欠佳而打架斗殴，也许是学生欠钱不还，债主追到我这来了。刚入职的时候，通常是我义愤填膺、慷慨激昂地诉说着，不管是天南海北，电话另一边的家长给出的答案都惊人相似：我们家×××（学生乳名）小时候特别优秀，大家都喜欢他……曾经有一段时间我很困惑，为什么家长就不能客观地看待孩子身上的某些瑕疵，正视孩子犯下的错误呢？直到有一天我也当了母亲，这个困惑的答案日渐明朗起来。道理很简单，在父母眼里，孩子是自己一生最杰出的作品，情感上会不自觉地不允许任何人侵犯这则信条。在他们眼里，孩子永远是孩子，永远需要他们的庇护和照顾。这是一种最淳朴的本能的人间至爱，我笑自己花了这么长时间才真正领会这个简单的道理。

又是一年军训时

又是一年军训时，校园里满眼的绿军装，学生们穿着迷彩服的样子别有一番青春之美。作为一个与军人和部队还算有点渊源的人，我就和大家聊聊有关军人的事吧。

2013 年夏天，我第一次到部队拜访一位朋友，坐了 5 个小时的客车，1 个小时的出租车，又步行了半个小时，一路辗转之后终于到达了目的地——一个坐落在中俄边境的小小连队。这里交通不便，人烟稀少，周围都是荒草野地。手机的信号时隐时现，到后来竟然完全消失了！车马劳顿的我心里暗暗后悔自作主张跑到这个荒山野岭来自讨苦吃。然而，回是回不去了，因为返程的车票必须提前一天预定，我只能硬着头皮，人生中第一次走进军营。

在朋友的带领下，第一脚踏进军营之后，好奇心立刻打败了后悔，我忍不住东瞧瞧，西望望。怎么说呢，第一感觉是军营真干净！这种干净蔓延到了这里的每一个角落，操场上没有一丝杂草，楼道的地面虽然被岁月剥蚀，但是依然反着幽幽的光，更别提那早就名声在外的"豆腐块"被子了。更重要的是人，干净的人！不仅是因为他们穿着一身整洁的军装，更是因为他们有一种气质，传达这些气质的是澄净的眼神、黝黑的皮肤、挺拔的身姿和铿锵有力的说话声。他们中的大多数都是 20 岁上下的小伙子，这里可能很少有女士光临，他们看到我既好奇又羞怯，有的打老远就跑掉了。战士们可爱的样子早把我之前的悔意冲到九霄云外了。

军营中的生活其实很简单，简单到甚至有些单调。清晨，伴着一阵有节奏的"沙、沙、沙"的声音，我迷迷糊糊地看向窗外，这才发现已经有好几名战士在拿着扫把打扫操场了，可墙上钟表的指针不是才刚刚划过"4"这个数字吗？如果没课，我的学生好多都是 8 点以后起床的啊！我赶紧穿戴整齐，踱步到院中和他们闲谈，以期能得到点早起"真传"。当被问到为什么起来这么早时，一名小战士露出一丝得意的微笑说道："我们班长告诉我们，要在部队好好干，就要多吃苦。干得多，起得早，没坏处。这几个扫把还是我们昨天晚上偷偷藏起来的，要不今早就可能被别人抢了去，这操场就轮不到我们扫了。"听着这个解释，我忍不住扑哧笑了，我真的从没有想过，人的积极性会被调动得这么高。看来我得跟朋友好好学习一下教育方法了。

起床、早操、收拾卫生、开饭，仿佛排练了千百场的演出，没有一个人出错，每个人都知道该干什么，该在什么位置。作为一个旁观者，我从来没有像他们那样用 10 分钟就能把自己的床铺整理好，也永远不会像他们那样早晨起来就跑 5 公里健身。估计和他们年龄相仿的我的学生们也没几个能做到的。

吃过饭后，伴随着一声哨响，他们开始了上午的操课。7 月份的太阳很毒，看着那一个个在训练场上全副披挂、持枪弄炮的战士，我跟我的朋友调侃道："我感觉你们这里像寺院，只不过你们是训练，他们是念经。"朋友一脸愤愤地回答道："那可不一样！你没看到我们这些战士都是生龙活虎的吗？争取下次带你看看我们的联欢会，战士们可有才华啦！"下午，我第一次见到了战士们训练，背枪的自不必说，还有几个战士背着长长的炮筒，光是看也能感觉出炮筒的重量。其中有一个南方小战士，他的身高不过一米六多些，和炮筒站在一起时没比它高多少，背上炮筒后就好像背后多长了一条腿。他实在不是那么魁梧，还好开跑以后，他跑得并不吃力，还挺靠前，我能隐隐约约看出他的脸上挂着笑意。随着终点的临近，他的脚步越发沉重，嘴唇紧闭，双腮鼓起，他用双手推着身前越跑越慢的战友一起向前冲去。当踏过终点那一刻，早已体力透支的他瘫软在地上，我定睛一瞧，汗水早已浸湿了他的全部军装。

在部队只有几天的日程，我渐渐习惯了每天清晨五点就会响起的军号声，开饭前战士们吼出的嘹亮的军歌，还有训练中铿锵有力的指令。我学过很多优美的词汇去形容我们的战士，然而我又不会去形容，因为我找不到一个最为贴切的词语诠释这一群人。他们这个集体中的干部绝大部分都是一些我曾经望而莫及的学校毕业的高才生，后来扎根边防，一干就是十年、二十年、三十年。这些人朴实得就像泥土，但正是泥土滋养了世间许多美丽的东西。

又是一年军训时，想起我的学生们军训的时候，带他们的是一名四川籍的老兵，三十多岁，没有结婚，我们叫他伍班长。在选择拉歌曲目的时候，他坚持要选《当你的秀发拂过我的钢枪》。当时大家的意见是这首歌非常不适合合唱，但老班长态度坚决，为了尊重他，我们还是唱了这首歌。我不知道老班长的身上到底有怎样的故事，但是每当这首歌的旋律响起，我想可能他的心里也会有一个深爱的姑娘的形象出现。在国家利益面前，战士们收起了所有的儿女情长。擦干眼中的泪，用热血去书写自己的青春。既然是英雄，就留给世间一个背影。

日子成诗，且听风吟

北方的初秋真是我最爱的季节！空气清洌，凉风习习，大白杨依然郁郁葱葱，各色鲜花尚未凋零。如果赶上个大晴天，那天空俨然是一块巨大的画布，大自然之手在上面描画出神奇的画面。抬眼一望，我竟然也会涌起阵阵"晴空一鹤排云上，便引诗情到碧霄"的豪情。

军训场上的学生们穿着一色的迷彩服，青春洋溢、笑靥如花，眼神里的纯真仿佛一眨眼就要溢出来一般。窝在军训场角落，我最喜欢观察来自西藏的女学生们，她们的质朴是浑然天成、不饰雕琢的，姑娘们的眼底也如这九月的蓝天一样干净透彻，俊俏的脸庞泛着光彩。场地上的大多数学生经过连续几天的暴晒，黑了，瘦了，却也更加精神了。年轻人就是这样，天天喊着苦累，暴躁焦虑得直跳脚，晚上只要躺下来就想睡到天荒地老；然而天一亮，就又欢呼雀跃地呼朋引伴了，早忘记昨晚说了什么抱怨话，又暗自下了怎样的小小决心。这就是这群正值青春的学生们！

在这样的日子里，新一轮的贫困生认定工作也同时开始。在军训间隙，我见缝插针地进行着各种认定流程。每年的认定工作都让我的内心五味杂陈，既要面对很多学生复杂的家庭情况，帮他们重新拂拭过往的伤疤，又要给那些想占国家政策便宜的同学以正确的价值观引导，让他们主动退步。但也正是在这样的时候，我才能真正被一些学生触动。我周围已经鲜有还挣扎在温饱线上的亲友了，如我这样的工薪族基本上成了"弱势群体"。虽然我不仇富，但偶尔看见朋友们珠光宝气、经济自由，也还是会心生感慨，回家后跟爱人发几句无关痛痒的牢骚。如果不是从事辅导员工作，我从来没有想过苦难竟然如此真切，它们会毫不留情地降临在某些人身上。在我的学生们中间，无父无母的有之，父母患有精神类疾病的有之，自小生活在复杂的家庭环境里的也不在少数。出于保护学生的考虑，我不会在这里说起他们，即使他们的经历是那样令我唏嘘长叹。作为一个普通人，我只有一次次感谢。在一次谈话后，我由衷地搂住了一个女同学的肩膀说："你可真厉害，能考上大学！"

　　这群特殊的学生是在我难以想象的恶劣环境中考入了这所大学，的确，他们没有考进"双一流"大学，但已然给了命运最顽强的回击。军训的身体疲乏，贫困的情感枷锁，每天的疲惫、焦躁和那些无形烦恼，终将会随着时间流逝，化为回忆。我的毕业生给我留言说，他相信学弟学妹们毕业后也会时常怀念有郑老师陪伴的青春时光。其实我想说，感谢同学们在生命中最好的时光里选择了这所大学，能见证你们的青春，这才是为人师者最幸运的事情。未来不管是一片坦途还是荆棘密布，希望你们都能日子成诗，且听风吟。

隐形的善良

2009 年秋天，我在哈尔滨，开始研究生阶段的学习。那个时候的我踌躇满志，意气风发，恨不得觉得世界上最有思想的人就是我。每次我的导师陈百海老师讲课时，我都会喋喋不休地发表关于专业知识的看法，有时候甚至忍不住粗暴地打断老师的讲话，那时候我自以为是地觉得自己有好多观点要和老师切磋。陈老师在我们专业领域有着非常高的学术地位，而我当时是一个连看原文文献都费劲的研一学生。对于我的高谈阔论、纸上谈兵，陈老师每次都耐心听完，然后用他的招牌动作———一边笑一边搓着脸说："郑同学提出的观点，大家可以课下思考一下，咱们都回去看看文献，然后再讨论讨论！"后来的我渐渐成熟，接触的专业知识也逐渐增多。其实通读专业文献后我就发现自己当时的很多想法和理论在学术界根本站不住脚，都是我的个人臆想。陈老师肯定早就知道这些，但是当着大家的面并没有直接指出来，而是提醒我课下多查文献、多看书。那一刻我遇见的是善良。

2012 年秋天，我在上海，和新朋友梦梦第一次去新天地的一家港式茶餐厅吃饭。当时我感到新奇又紧张，点餐的时候更是不知该点什么，就随便点了三个听起来很冠冕堂皇的菜，结果餐上齐后才发现，我点的是三种风味不同的主食。我觉得稍有些尴尬，但是梦梦依然很开心的样子，原本食量不大的她，自己吃了一半。看到她那么开心，我也觉得轻松多了。其实后来我想，梦梦是一个留学回来的上海女孩，见多识广，在我点餐的时候，她就应该知道我点的都是主食。但是她并没有阻止我，而是欢欣雀跃地使劲吃掉了这些食物。那时，我知道自己又一次遇见了善良。

2013年秋天，我在佳木斯，成了一名高校辅导员。刚刚入职不久的我要处理一个学生旷课的事件，一个叫小星的同学连续旷了两天的课。我把他叫到办公室的时候，他一副"杀马特"的造型，满脸不屑，身子靠在椅背上，几乎是半躺在椅子上的，说话的语言非常不友好，一副完全不服管的样子。我简单说了他几句，让他回去了。之后我又气又恼又委屈，把办公室的门关上后忍不住呜呜地哭出声来。哭得差不多了，我抬眼一看，夜幕已经降临了，我肚子饿得咕噜咕噜响。就在这时候，小星的班长从外面进来，他递给我一块面包说："老师，别跟他生气了，你是不是饿了，先将就吃点吧。"我这才突然想起来，我是让班长把小星领过来的，后来我情绪太激动，竟然把他忘在了门外。这个小班长肯定听见我哭了，但是他并没有立刻冲进来看我鼻涕眼泪一大把的糗样，而是一直在外面等着，等着屋内哭声消失，进来给我送了一个面包。我再次遇见了善良。

善良是什么？善良绝不仅是像扶老大娘过马路或者捡到钱交给警察叔叔这种可以写到报纸上的事情，善良还可能是一种隐形的品质。它是在由于各种原因对方没能意识到自己不足的时候，当你可以选择不屑、嘲笑、幸灾乐祸的时候，你选择的是给予对方足够的尊重、包容和成全。愿你我都成为一个善良的人。

也说"佛系青年"

作为大学辅导员，我接触最多的就是青年。近来有个词在学生们中间大热起来——"佛系"。英语四级考试刚结束，我就看到一名男同学在朋友圈里发了一条消息，上面写着"翻译、作文，写两笔；听力、阅读，蒙到底；考多考少都可以。佛系考试，一切随缘"。我联想起大家调侃自己的"佛系室友""佛系情侣"等，不禁哑然失笑。

《人民日报》上有一篇评论说的就是"佛系"，作者分析这个词大概是带着不争不抢、不钻营不吹捧的意思，有那么一丝随性和豁达，同样也有一点遇到竞争、压力时的消极和懈怠。如果按照这个理解，那我的一部分学生是相当"佛系"了。

01

2017 级新生军训结束之后，这些学生的贫困生认定工作就要开始落实，一周的时间要开 15 个班会。我们这些辅导员每天忙得不亦乐乎。然而每次班会都有因为肚子疼、头疼、脚疼、"指甲疼"、"头发疼"、"哪儿哪儿都疼"请假的同学。好不容易有一个身体素质还不错的班级，到了约定的时间和地点，总是有个别同学迟到，不是忘记时间就是走错教室。会后我找迟到的同学谈话。

问："有集体活动，为什么不准时参加？"

答："老师，我想自己不是贫困生，不影响开会进程，再说认定谁都行，我都支持。"

问："如果有一天是关于你自己的事呢？如果是关于你自己的组织发展、群众评议，同学们都请假、迟到，投票人数不足，你怎么想？"

02

经过几个月的考察和锻炼，学生骨干民主选举终于结束。学生骨干的品质和能力直接影响着一个班级的风貌，这是班级建设中非常重要的事情。没几天，一名男同学来请假。

我随口问他："小东，对班级这批学生骨干满意吗？他们现在干得怎么样啊？有没有什么意见和建议啊？"

男同学一脸敦厚地跟我说："老师，我觉得他们都挺好，选谁都行，我没意见。"

03

有一天我收到一封学生发来的邮件，里面洋洋洒洒地写了好几大段，主要讲的是他们寝室的矛盾。这些矛盾几乎都是生活中的种种细节，让这位同学很是头疼。收到邮件后，我接连找到住在这个寝室的几位同学了解情况。和其中一位"佛系室友"有了下面这段对话。

我："小刘，在寝室还住得惯吗？你们寝室关系怎么样啊？"

小刘一脸茫然，笑呵呵地说道："挺好啊，都挺好啊。"

我："寝室冷不冷？有没有人在寝室吸烟啊？"

小刘继续低头说："寝室还行吧，我也不知道他们抽不抽烟。"

我："你不在寝室住？怎么能不知道有没有人吸烟？你们没课的时候在寝室都干什么啊？"

小刘抬头说："辅导员，我们寝室挺好啊，没课的时候我就看看电视剧，有时候打打游戏，我也不知道他们都干什么，我感觉我们寝室都挺好的啊。"

我："行，我知道了，你回去吧。"

以上学生是我眼中比较典型的"佛系青年"代表。人生难得糊涂，但是有些学生真是有点小迷糊。班级干部评选，选谁都行，贫困生认定，定谁都行，寝室生活中的矛盾只要别影响到我，那就你好我好大家都好。

和之前的"油腻""丧""小确幸"一样，网络热词的每一次出现都会让一众网友充满新鲜感。有时候也会改变辅导员和学生们的交流模式，比如我在学生的大群里发通知时会叫他们"小可爱们"，而单独召唤女生则全是"小仙女"，男生都为"小鲜肉"，学生们呼应我时会自称"本宝宝"。可是这次的热词——"佛系"的出现，不能不让我心有所感。

生活中我们不讲究吃穿，处事上也可以不计较个人得失。一个人淡然处事，与世无争，这本无可厚非，但凡事总也有个度，总有些你该在乎的东西。在班级贫困生认定过程中，你应该旗帜鲜明地把票投给班级里最需要好政策帮助的同学，这个时候你应该是《铡美案》里的包青天，秉公执法，刚正不阿，而不是每天想着"事不关己，高高挂起"。寝室生活中的琐事林林总总，你可以不放在心上，但是如果真的有室友在寝室里"腾云驾雾"、天天玩游戏，你就要义正言辞地提出来，这个时候你应该是水泊梁山里的鲁智深，路遇不平，拔刀相助，而不是面对不良现象作壁上观。

如果你的豁达就是凡事随大流，如果你的包容成了懦弱的遮羞布，如果你的淡然就是变相地对集体不负责任，那么这样的"佛系青年"不做也罢。少年兴则国兴，少年强则国强。血气方刚、意志坚强、阳光乐观才是一个青年最好的模样。

谢谢你，我的家！

　　有一段时间我在外地交流学习。期间有一个学生兴冲冲地发来消息说：央视的著名主持人敬一丹老师到学校做演讲啦！他知道我喜欢读书，特意为我留了本敬老师的签名书。学生的心意让远在异地的我倍感温暖。

　　书的名字叫《那年那信》。拿到手后，我迫不及待地用一个下午的时间读完了。文字都是家常话语，朴实恬淡，虽没有刻意煽情，但却几次让我眼眶湿润。我姑且称这本书为一丹老师家的"书信版纪传体通史"吧。在那个信息传递极为不畅的年代，祖辈、父辈们用一笔一画勾勒出心中块垒。一封封家书传达着爱意、思念、惦记，那里面有悲伤，有欣喜，有失落，有安慰。时代迅猛发展，可能很多同学都不了解"电报""BP机"这些曾经流行的名词。谁也不知道再过上十年、二十年，你们的后代是否还知道微信为何物。我们走得太快了，都忘记了还要时不时回望来时的路，那里有我们渐渐消逝的祖辈和正在与我们挥手告别的父辈，那是我们一路向前的起点。

　　这本书告诉你，什么是爱情最好的模样。当辅导员这几年，看惯了同学们分分合合的感情纠葛。前几日还海誓山盟、如胶似漆，后几日就一刀两断、劳燕分飞的大有人在。同学们的感情就像那首流行歌里唱的一样，

"爱就像蓝天白云，晴空万里，突然暴风雨，无处躲避，总是让人始料不及"。有很多时候，你们的感情也让我始料不及。世间的模范夫妻很多，一丹老师的父母肯定算上一例。二老的感情建立在共同的志向和爱好上。1950年，他们一个24岁，一个20岁，大约和现在的你们是同龄人。那时候新中国刚刚成立，他们双双奋战在建设祖国的第一线。男孩子有思想、有才华，女孩子勤奋上进、有主见，他们互相倾慕、彼此欣赏。他们的感情并不因时间和空间的变化受到影响，即使长期两地分居，即使经历了特殊历史时期的政治考验，68年间，二老的爱始终浓烈而又含蓄地表达着。虽已耄耋之年，但老爷爷还会给爱人写情诗，老奶奶也还会被诗中的文字感动到流泪，这是一幅怎样美好的画面啊！

同学们，不要急，如果你发现你的灵魂伴侣还没来到你身边，请努力让自己的头脑更充实，眼界更开阔。这样你在遇见另一半的时候才能愈加坚定地挽起对方的手，你们能合力抵挡住一切生活的寒凉，并且享受美好姻缘。一帆风顺未必就是好，有时候一波三折才更有韵味，"好事多磨"这个词古来有之。祝你早点遇见另一半。

这本书还告诉你，什么是孝顺。中国关于孝顺的文字太多了，传统社会里我们评论一个人人品好坏的一大标准就是孝顺与否。孔子说"色难"，翻译成现代语言就是不冲着父母耍脸色是最难的。真的要慨叹两千多年前的圣人竟然能够一针见血地说出我们大部分人的问题。放假回家，妈妈多唠叨你两句，你一噘嘴，转身就回到自己的房间了；爸爸教训你太贪玩，不事功课，你虽嘴上没说什么，心里其实不乐意着呢，小心思全都写在了脸上。

为什么你那么容易对父母发脾气呢？因为你知道你的犯错是无成本的，因为他们是世界上最爱你的人，他们会无条件地原谅你的任何行为，所以你才会毫无顾忌地把自己的坏情绪夸张放大后抛给最爱你的人。时至今日，许多家庭的生活水平日渐提高，需要子女在经济上帮扶的父母越来越少了。相反，社会上出现了很多"啃老族"，这确实让人无奈。

那么对于同学们来讲，什么是孝顺呢？我觉得应该是给予父母、长辈精神上的敬重和感情上的安慰，带给他们更多的快乐和欣慰。有时间多给爸妈打几个电话，说说你近期的安排和打算，问问他们工作忙不忙，生意好不好，身体怎么样。这些都是举手之劳，却可以让远在千里之外的父母安心，这也是孝顺的一种。敬一丹老师一家都非常孝顺，这也给辛苦劳累一生的父母带来了莫大的安慰。

谢谢你，我的家！因为有了你，我才有了无惧任何人生风雨的勇气；因为有了你，我才知道人间天伦的滋味。母亲的一粥一饭哺育了我们的躯体，父亲的言传身教滋养了我们的灵魂。无论我们的家是贫穷还是富有，无论家庭生活是一路坦途还是荆棘遍布，只愿紧紧握住彼此的手，慢慢地走过这一季，接着再走下一季。

当你三十岁的时候，你在想些什么

　　我在 32 岁生日的时候没有特意庆祝什么，当天下午领着爸爸妈妈、公公婆婆、爱人和一双儿女一起吃顿家常饭，席间喝了一小杯红酒。等到室外秋风渐起，灯火朦胧，找了家里的安静之处打几行字，用以纪念生命中每一个值得怀念的日子。

　　人作为一种生物存在，生命周期大约可以按 80 年记数。大学生们基本处在 20 岁上下，属于正在走向成熟期的阶段，而我作为一个刚刚步入身心成熟阶段的生命体，有必要跟大家聊一聊你们在接下来的人生旅程中需要面对什么，又会想些什么。也与我的同龄人共勉。努力做一个有梦想的"傻子"，富且贵，美而好，如若不能，只要贵和好。

　　第一个词是感恩。我经常会跟我的学生们和孩子们提起这个词，我更常说的词是惜福。珍惜握在自己手里的一切：时刻为你牵肠挂肚的父母，了解你的一切缺点可还是留在你身边的恋人，为你指点迷津却不求回报的师长，被你抱怨过无数次却依然给你提供安身立命之所的工作单位，这一切都是应该带着感恩之心尽力回馈的对象。于我个人而言，感谢父母，在我最需要帮助的时候抛家舍业，不求任何回报地鼎力支援我的小家，养育了我，又养育了我的一双儿女。感谢爱人，永远支持我的一切个人选择，作为丈夫，他给了我最大的尊重和包容。感谢孩子们，给我带来了无与伦比的欣慰和快乐。感谢身边的所有师长和好友，虽然我总是给大家添上数不清的麻烦，但你们还是给予我太多如亲人般的关照和体谅。也感谢我的学生们，正是因为有了你们，我时刻觉得自己还是年轻的，还是有一堆的梦想和挥发不完的朝气。多看看自己拥有什么，紧紧握住，尽力维护，你的体内才能永远流动着汩汩的生命热情，而不至于被琐碎的生活和繁重的压力摧残得乏味无力。

第二个词是责任。不管是男性还是女性，往大了说，我们都对这个国家、这个民族负有责任，我们努力工作，创造价值，我们投入巨大心力教育子女，希望他们做一个对社会有用的人。往小了说，我们对自己的家庭负有责任，父母渐趋老去，儿女尚在幼年，作为成年人，我们有不可推卸的责任让他们过得更舒心、更快乐。有责任感的人会很累，但同样也会很幸福。

第三个词是梦想。我是一个内向的人，初高中时是个小胖子。我的父母和那个年代大部分的中国父母一样，都觉得孩子只要成绩好就行，胖就胖吧，土就土吧，只要成绩好。直到开始读研，我才明白一个女孩不仅要追求精神的丰盈，也要追求外在的美好，不为取悦任何人，只为犒赏自己。毕竟我已经错过了豆蔻年华，错过了花季雨季，不能再错过生命中最年轻的每一天了。无奈运动和节食都会让我幸福感极低，那只有科学饮食了，反反复复几年下来，我基本了解了所有日常食物的卡路里含量，尽量让自己吃得开心又不至于太胖。我研究服饰穿搭、色彩配比，矫正了牙齿。每天敷面膜，读书，坚持写作。时间流逝，可能我还是胖，但没那么胖了；还是黑，但不至于太黑；还是土，根本和"洋气"沾不上边儿，但我有了自己的独立的审美意识。可能永远没那么美，但是要好，要如沐春风，要穿着自在得体。32 岁，一个女人的脸上有了若隐若现的细纹，一个女人的心里却没有了那么多的彷徨、迷茫和无助。可喜的是，她还有那么多可奋斗的梦想和孩子般天真的笑靥。

冬季篇
DONGJI PIAN

把悲伤留给自己

死亡永远是一个充满悲伤的话题，然而它就像一个老朋友，从我们出生至今时常出现在左右，曾经我们的祖辈、父辈、邻居、朋友在时光年轮的某个拐角被它吞噬。作为辅导员，我的工作职责之一就是当学生遇到重大家庭变故的时候，要及时找学生谈话。然而在面对至亲亡故的学生时，我总是语塞，不知该怎样开口，往往只是拍拍他的肩膀，深深地望一眼，对他说声"节哀吧"。可面对巨大的悲痛，语言往往显得无力至极。

我有一个特殊学生叫小文，他因为成绩问题降级到我带的这一批学生里，他桀骜不驯，爱说脏话，与同学关系紧张，在校外租房，经常旷课。从个人情感上讲，我特别排斥他，但是作为辅导员，我又不得不一次次找他。与家长联系后发现，小文的母亲特别溺爱孩子，基本容不得我说孩子的任何不足，后来我找到了小文父亲的联系方式。那段时间，我基本上每周都会和他父亲通话，沟通孩子目前的情况。虽然我们素未谋面，但从声音上我感觉他父亲是一个很谦和的人，价值观也正常。有了家长配合，我开展工作也顺利了很多，小文答应我他会很快搬回宿舍居住。可是等到新学期开学，我发现小文又开始旷课了，答应我回宿舍居住也食言了，我火冒三丈，赶紧拨打了他父亲的电话，结果电话一直处在无人接听的状态。

实在没办法，我又给他母亲打了电话，结果他母亲隐隐抽噎着说："小文父亲在孩子暑假的时候意外身故了。"第二天，我找小文谈话，他定定地看着我，一言不发，我轻轻叹息，他低下了头，再抬头时眼圈红红的。真正的悲伤，只有自己才知道。

有些事情必须要独自面对，不管是怎样的孤独、痛苦或是无助。我研三那年的寒假是在二舅家度过的，彼时他已罹患肺癌三年，病痛的折磨让他骨瘦如柴、形容憔悴，这个曾经雷厉风行、一身是胆的男人每天只能蜷缩成一团，缠绵于病榻之上。我唯一能做的就是在他意识清醒的时候，握着他干瘦的手陪他聊聊天，晒晒冬日的太阳。一日午后，家里就只剩我们俩。二舅用微弱的气息跟我说："思严，你帮我写个东西，我说，你写。"在墙上钟表的嘀嗒声中，我听到了一个生命垂危者对自己一生的评价。他让我写的不是别的，是未来某一日他走的时候的悼词！他说他希望自己未来的追悼会上，有人朗声念起的是他自己的话，这是他对这个世界最后的告白。文章的开头我一直记得："秋风来了，叶子落了，果实熟了……"好似冥冥之中的安排，在那一年黄叶落下的时候，二舅离开了这个他深深眷恋的人世间。那天是我的农历生日，那时我身在异乡。我知道从此我失去了一位重要的亲人，我知道母亲再也不会为我庆祝生日。生生死死，人世间本身就充满了各种各样的巧合和无奈。

有一个周日，学校组织全体辅导员参加业务培训，在会场上我们接到讣告，曾经的老校长张少杰老师因病离世。培训间隙很多同事提起此事不禁扼腕叹息，说起老校长工作中的点点滴滴和他给学校发展带来的巨大变化，大家都很感伤。囿于级别和年龄的差距，我与老校长从未有过直接接触。唯一可以称得上有交集的地方可能是我上大一的时候他还在佳木斯大学任职，后来他调任到哈尔滨师范大学，退休后安享晚年，我研究生毕业后回母校任职。两天后是举行老校长追悼会的日子，我特意提前一些来到学校，在校园里自己走了一圈，原本熙熙攘攘的校园那天竟让我觉得有些许冷清。老校长从来不知道有过我这样一个学生，我却知道自己的命运和生活被他影响过。在他曾经的带领下，不计其数的佳木斯大学毕业生能生活得更加有尊严和有价值。上学的时候，我们不住地诟病母校的种种不足，却对曾经的老校长充满敬意，上学那几年里是他让我们感到学校未来的希望。我刚刚踏过的校园小路，老校长也许曾经走过无数次，他可能就在这里思考，大学未来会是什么样子。也许，就是现在的样子吧。那一整天，我都处在一种悲而不伤的情绪中，"人固有一死，或重于泰山，或轻于鸿毛"这句千古明训一直盘桓在脑海。

亲爱的同学们，也许生活就是这样五味杂陈，你喜欢甜的，可也得知道还有苦、酸、咸种种滋味。此时能让你哭的注定会让你在未来的某个时候笑得更美好。请把悲伤留给自己，把所有美好留给那些赋予你爱和帮助的人吧。

普通同学"赵大瓜"

　　我的工作性质决定了我平时接触最多的是学生干部和特殊生，但是我从没忘记那些最普通的"赵大瓜"们。他们每天嬉笑怒骂，不出类拔萃，也没有玉树临风，可能说起话来还会结巴、脸红。但在这平凡的世界里，我爱这样的他们。

　　赵大瓜，性别男，具体说是一名来自东北农民家庭的即将毕业的工科男；是一名普通学生，具体说是大学三年半没当过学生干部、没得过奖学金、没正式谈过恋爱的普通学生。

　　大一和大二两年一到没课的时候，大瓜就喜欢窝在宿舍里和室友打打游戏，吹吹牛皮，饿了就订个外卖，除了上厕所之外坚决不会下床。偶尔玩得兴起就会联系几个同学，找个星期天跑到外面的小网吧过一把玩瘾。宿舍里一共八个人，关系都不错，其中最合得来的是猴子和大熊。顾名思义，猴子瘦得浑身都是骨头，尖嘴猴腮。他曾经坚持过一个月不洗脚，床底下藏的都是他的脏袜子，特别是踢完球回来，他一脱鞋，大瓜想捶扁他的心都有了。大熊膀大腰圆，说话粗声粗气，每晚睡觉鼾声如雷，扰得其他几个同学天天骂他。可骂归骂，大瓜觉得他俩够意思，能玩到一起去。平时他们三个会经常在一起喝小酒、撸串、唠唠女生，上公共课的时候互相帮着点个到。青春里稀里糊涂的革命友谊混到大四竟然无坚不摧。闻到后来，大瓜嗅觉失灵，完全感受不到猴子的脚臭，每天晚上没有了大熊的呼噜，他竟然睡得不踏实。

大三有一段时间，大瓜特别渴望爱情。那时候猴子经常领着女友晃荡在他左右，还总是在他耳边宣扬"上大学不谈恋爱，生活就不完整"的无耻言论，大熊也忙着追同专业的一个姑娘。大瓜一个人形影相吊，就也冒出了谈恋爱的想法。那个学期的选修课他上得最积极，最终瞄准了一个学外语的女孩子。这个长头发的姑娘长得白白净净，眼睛不大，但笑起来弯弯的（当然不是冲大瓜笑的），上选修课居然会认认真真地做笔记。大瓜每次都偷偷地坐在她的斜后两排，装模作样地抬头听老师讲课，其实一侧头就会看见那一瀑长发和美丽的侧脸。此时赵大瓜同学心里的小鹿就会怦怦地乱撞个不停，他知道这是爱情来了。终于有一次课间，他鼓足勇气走到姑娘身旁说："你好！咱俩认识一下呗，我今年大三，学工科的，能告诉我电话号码吗？互加一下微信啊？"姑娘有点愣住了，不知所措地摇摇头，冷冷地说："不好意思，我不认识你。"大瓜满脸通红地转身回到座位，他觉得自己太傻了，居然直接管人家要联系方式，也不知人家有没有男朋友，真是太没面子了。回到宿舍后，他把自己的心里话跟两个好兄弟说了，猴子答应帮他打听打听这姑娘的底细。没过几天，猴子哭丧着脸跟大瓜说："人家有男朋友，不过在外地，你要是想追，我们帮你。"大瓜虽然很遗憾，但还是觉得抢别人女朋友不好，此后的选修课也没怎么好好去过，依然过着和游戏结伴的日子。只不过那年寒假回家，高中同学出来聚会，他也会借着酒劲儿添油加醋地说自己谈过恋爱，只不过刚刚分手，然后用"来来来，不说那个伤心事了，朋友在一起最开心了"这样的话搪塞过去，弄得好像还真发生过似的。

大瓜上大学时，觉得跟谁关系都不错，不太喜欢的人只有两个。一个是专业课老师老张头。老张头一脸学究相，平时不苟言笑，上课时要求很严，画图必须严丝合缝，数据算得不能有丁点误差，每次上课必定考勤。每次上课时人心惶惶，同学们生怕哪里出错，就会被老张头当场训斥。二十多岁的人了，挨训的时候都想找个地缝钻进去。大瓜在期末考试前一天晚上闹肚子，折腾了好几次，考试当天他感觉拿笔的手都软绵绵的，题答得自然不好。当时他只期盼老张头能手下留情，六十分万岁，然而老张头毕竟是老张头，不及格就注定不及格。赵大瓜虽然没得过奖学金，但是也从没挂过科，这件事让他着实郁闷了两天。另一个不喜欢的人是他的辅导员。当时，大瓜的辅导员参加工作也没多久，大瓜其实也谈不上讨厌她，就是觉得她太磨叽。一个二十多岁的女生，天天找个空就进教室，说的不是考风考纪，就是防火防盗防诈骗，每天像对小学生一样跟他们唠里唠叨。有一次刚好赶上课间，赵大瓜着急上厕所，辅导员又冲进来了，滔滔不绝地说了好几分钟。他去也不是，不去也不是。结果憋到实在难受，他站起来说："老师，我上个厕所。"说完发现这个人居然忍不住笑了。大瓜心里恨恨地想：要不是你老说个没完，我能这么糗吗？你还好意思笑？还有一次集体查寝，猴子因为床下堆了脏袜子，被这个人赤条条地从被窝里拽了出来。大瓜到现在想起那画面都觉得难受，他觉得辅导员一点没有女知识分子的样儿，活像市场里的卖菜大妈。

转眼到了大四，赵大瓜同学开始为工作的事情着急了。猴子和大熊陆续签好了工作。猴子的专业课结束了，每天除了在校内实习，就是在寝室打游戏、睡觉。大熊已经办好了校外实习证明，准备去工厂干活了。大瓜自己也参加了几次校招，经历了好几场面试，但是一直没遇见比较合适的地方。他的想法是能留在东北最好，如果没有好的岗位再往南方走走。毕竟家在这里，未来照顾父母要方便一点。可几个月下来，工作依然没有着落，他真的有点急了，把自己的简历改了又改，还给辅导员发了一份，让她帮忙参谋参谋。他还专门买了一套参加面试的行头，和几个同学合伙租住在一间每晚20元钱的小旅店里，每天奔跑在陌生城市中的各大校园招聘会现场，等待着机会。总算是赶在了秋招的末尾签下了一家浙江的企业。签协议的那天，刚好所在的城市下雪了，冰凉的雪花落在了大瓜的脸上，他的眼角有点湿润。他很少读课外书，只是隐约想起《平凡的世界》里有这样一句话："人们宁愿去关心一个蹩脚电影演员的吃喝拉撒和鸡毛蒜皮，而不愿了解一个普通人波涛汹涌的内心世界。"此时的他想呐喊，但是一时竟不知道喊点什么，他使劲抽了一下鼻子，只得作罢。

当天他第一时间给家里打了电话，并且决定连夜坐车赶回学校，他想回到自己那铺小脏床上好好睡一觉，然后和猴子、大熊一起洗个澡，再找家路边串店聊聊天。

毕竟，普通同学赵大瓜的大学生活即将结束了。再见，赵大瓜。

稳稳接住所有的意想不到

　　每个人的生活都是由一个一个意想不到组成的，生活中捉摸不透的拐点造就了你目前的生存状态。当那么多的意想不到与你偶然相遇，它让你高兴，让你悲伤，让你猝不及防。但不管遇见什么，我们要做的就是欣然面对一切好与坏，然后以一个最佳的方式回应过去。

　　我不论平时工作有多忙，每天晚上都会抽出两到三个小时的时间陪伴孩子，和她一起讲绘本、搭积木、藏猫猫。我俩经常在一起玩扔皮球的游戏。她站在沙发上的一角，我站在对面，轻轻地把一个柠檬色的胶皮球扔过去。刚开始的时候，她不会接球，皮球每次都会不偏不倚地打在她的头上，当皮球冲向她的时候，她总是紧张到紧闭双眼，挨打后略显委屈。这时我会边做动作边冲她喊："宝贝儿，你像妈妈这样接住球，球就不会打到你了。"她刚开始不懂，后来为了不频繁挨打，她不得不张开双手把急速抛向她的球稳稳接住，后来她又学会了把球狠狠地抛出去。每次抛出球后，她都笑得很开心。我觉得这个扔皮球的游戏又像是一种隐喻，那就是不管什么时候，避免挨打最有效的方法就是稳稳地接住突如其来的一切。

　　在一个星期四的午休时分，我和同事正在学校附近的小餐馆里吃饭。突然我的手机响了，电话那头传来一个带着哭腔的男声："老师，我是小田，我在医院呢，大夫说我得了很严重的病，让我现在就住院。"小田是一个非常腼腆的河北大男孩，如果不是很着急，他不会给我打这个电话。随后我联系了他的医生，医生告诉我，小田目前重度贫血，血小板的数量只有正常人的十分之一，随时随地有生命危险，需要马上住院。我不敢怠慢，赶紧撂下碗筷，第一时间联系了小田的父母。他父亲一着急口音就特别重，我大致听出他应该是在外面办事，回家收拾一下就会来学校。我又联系了小田，告诉他先别哭，也不要太上火，我会领着他换一家医院再做一次复查，一家医院的诊断未必就是确凿的。

经过半个小时左右，我们来到了当地一家大型医院血液科的住院部，走廊里人满为患，一进门，混合着药味、饭味和呼吸气味的混浊空气扑面而来。一个穿着淡粉色家居服的女患者面色蜡黄，可能由于长期接受化疗，她的头发已经很稀疏了。她和陪着她的亲人摇摇晃晃地在走廊里散步。小田满眼恐惧地瞥了我一眼，我轻轻地拍了一下他肩膀说："没事，你不会的。"当天下午小田就入院了，小田的两个室友穿梭在医院血液科的诊室里，办理入院手续，整理床铺，送取血样。我在医生办公室等待最初的诊断结果。我小声地问忙碌着的女大夫："姐，我是个外行，想问问您，一般像我学生这种情况都是什么病啊？"四十多岁的女医生意味深长地跟我说："白血病的可能性多一点，但是还得等骨穿的结果出来才能有定论。"我感觉自己眼圈一热，接着说："他才二十一岁啊，这么年轻，免疫力肯定要强，那治愈率会不会高一些？这个病的花费是不是也很高？"医生大姐点点头，又说："没事，我们这里有个患者也是上大学的时候查出来的，现在都四十多岁了，身体保持得一直不错，事业和家庭也都很顺利。你也不用太担心。"她转身又去病房照顾别的患者了。我一个人在医生办公室里愣怔了半天。小田这孩子的品质、素质都很好，学习成绩也非常突出，面对这个突如其来的事情，连我这个当老师的都有点缓不过神儿来。

我难过一会儿，慢慢走进病房，躺在病床上的小田越发显得瘦弱。他抬头看见我说："老师，今天太辛苦你了。"我笑着摇摇头，坐在他旁边，拍着他瘦削的胳膊苦笑着说："你可真是太瘦了啊，都硌手。病好之后得多吃饭才能长力气啊。我刚才问过医生了，检查结果得明天才能出，你今晚就消消停停地睡个安稳觉吧，什么都不要想。是什么病，咱们就治什么病，兵来将挡，水来土掩。有些事情咱们谁也不能控制，但是可以做自己的主啊。好好配合治疗，能吃能喝，心情愉快，病才好得快呢。"我在跟小田说，也在劝慰自己。

　　从医院出来的时候，夜幕已经降临，清冷的空气一扫病房内的污浊。天气不算太冷，我选择步行回家。街边包子铺门前的大笼屉在哧哧地冒着热气，卖烤地瓜的小贩一边在原地跺脚、转圈，一边吆喝着生意，医院对面的高层住宅万家灯火，这正是做晚饭的时刻。每一个普通人的生活一切如常，但是谁也不知道哪个人会是下一场生活悲喜剧的主人翁，我们唯一能做的就是稳稳地接住意想不到的一切。

给最卑微的坚持

2016 年 12 月 24 日，对一些同学来讲，这或许是一个改变人生轨迹的日子，因为就在这一天，他们就要登上属于自己的战场——研究生考试的考场。每一个披星戴月奋战在图书馆里的日子，终于凝结成了这两天考场上的爆发。这听起来是一件很热血、很青春的事情，说多了会让人流眼泪。有人说那是年轻，那是梦想，那是信念，那是很多光辉的词汇，可梦想和信念又好像太过奢华，我觉得这是最卑微的坚持。

2016 年秋季学期伊始，我做过一个统计，我的这批学生中有考研意向的有 150 人左右，后来由于工作原因我又统计了一下，居然锐减到 110 人。考试前几天还有几个学生跟我请假，由于各种原因，他们还是决定放弃考研，到外地实习。我当时估计最终进入考场的可能不到 100 人。在这场旷日持久的消耗战中，有三分之一的人选择中途退出。

每个大学生可能从大二开始，自己的困惑清单上就有一条"要不要考研"。这自然是一个多元命题，考与不考，没有孰优孰劣，这只是一个自我选择的过程。有些人很快做出决断——考研不适合我。而你在某一个夜深人静的午夜，由于各种原因暗下决心，决定踏上这条考研路，你知道这意味着你将在未来几个月甚至一两年中选择另外一种生活方式。你因为考研而成了大家眼里的另一种人，或被羡慕着，或被鄙夷着。因为这个目标，你要更自律，要合理安排作息时间，要尽量减少和朋友们聚会、玩耍、逛街的时间，只为保证每天的学习时间。你忘记自己有多久没玩过网络游戏了，晚上回到寝室，发现床上的手机显示那么多未接来电，只是你太累了，已经来不及一一回复了。你可能也会暗恋上同样在图书馆里奋斗的他，但是你没有时间和精力想太多，这份感情只能悄悄地埋在心里，化成一声默默的祝福——希望你梦想成真。凡此种种苦辣酸甜，时间划过，考后收场。

我有很多关于考研学生的故事，他们在考研座位没下发的时候，就三五成群地到我办公室询问座位的问题；他们在最难受和感觉坚持不住的时候会跟我说"姐，我都不想考了，感觉太难了"；还有很多同学晚上十点多会给我发短信，上面说"老师，不好意思，我今天一天没带手机，你要统计的信息，我一会儿就发给你啊"。我有很多他们的故事，只是现在还不到讲的时候。我欣赏他们的自律，他们的坚韧，他们的执着。作为辅导员，我能做的是尽量不打扰，让他们安安静静地实现自己的小目标。

不管适不适合考研，我总天真地认为，人总得有一段真正属于自己的时间，在这个完整的时间段里处在一种"静止燃烧状态"，即别人看你是静默的，但是你知道自己的内心之火在蓬勃燃烧。从这个角度说，考研是个不错的选择。不管能不能如愿以偿，度过这段岁月终究无悔。

考研的孩子们要记得考试前一天晚上把身份证、准考证备好，文具带齐（别忘了带上小刀、尺子这些平时不怎么用的工具），考试前尽量少左顾右盼，也不要聊闲天。你是一个要完成大事的人，需要一个持重的气场。填完学校代码、考号等信息之后要核对两遍，刚开考的时候可能有些小紧张，深呼吸或者吃一小块巧克力可以缓解很多。

食在东北

　　回到二十世纪八九十年代，在东北几乎每户人家都有一样东西——大大的酸菜缸。从十一月份开始，漫长的冬季渐渐来临，酸菜便是全家老小主要的食物保障。

　　酸菜缸一般会被安排在厨房的一个角落里，它不能离灶台过近，因为白菜们享不了福，温度稍高一点，白菜们就会慢慢腐烂，所以一般都放在一个靠房门比较近、不耽误走路的一个角落里。腌酸菜以白菜为主，有时候也会腌上一些大头菜（卷心菜）。把这些菜洗净，再抹上一层一层的盐，小山般地摞在褐色的大缸里，上面实实地压上一块青白色的大石头。通常这块石头每年都会作为此用，时间一长，纹路棱角都已不见分明，它早已和家里的锅碗瓢盆一样，成了一件重要的居家工具。如果哪个孩子不慎在玩耍时将它弄碎了一个角，都免不得要遭到大人的一顿训斥。压好石头后，填满水，剩下的一切就交给时间了。过一个月左右，那座鼓出来的白菜小山渐渐矮了下去。你走过去伸头看看，缸里已有的水分和白菜中被盐压榨出来的水分已经快把石头漫住了，隐约可见的白菜们在缸里闪着透亮的微黄。当然，你还能闻到酸菜特有的味道，这味道对于很多初到东北的南方客人来说是一种挑战，就连我也觉得不太好闻。这个时候就可以把它拿出来入菜了。

　　酸菜的食用方法太多了，炒、炖、煮都行，它会和不同的食材产生不一样的化学反应。肉是它最好的伴侣，除此之外，粉条、土豆等来者不拒。乡下一到年关杀猪的时候，一定会预备一顿宴请亲朋的"全猪宴"，其中一道主菜就是酸菜氽白肉。一口热气腾腾的铸铁锅上，妈妈们把酸菜切成细细的丝，和新鲜的五花肉放在一起炖。锅里咕嘟咕嘟地冒着泡，伴随着泡泡的旋律，酸菜和肉在一起欢快地律动着，汤汁逐渐煨成了奶白色，白肉渐渐有了汉白玉般的温润，酸菜经过油水的沁润倒似白翡翠一般晶莹剔透。快出锅的时候，提前往锅里扔一截切好的新鲜血肠，再撒一点绿莹莹的香菜辅以点缀，一道令人唇齿留香的酸菜氽白肉就可以正式端盘了。酸菜解了白肉的腻，白肉去了酸菜的腥，肉入口即化，菜沾着饱满的汤汁，再来上二两纯粮小烧，亲朋好友们在桌上推杯换盏。馋嘴的孩子们在地上跑来跑去，一会儿看没人注意就偷偷伸手拿起一块血肠往嘴里塞。那憨憨的样子，被大人发现后又免不得引来一阵哄堂大笑。现在越来越少人在家里腌酸菜了，因为物质丰富，我们去超市随随便便就能找到各种品牌的真空包装的酸菜。前几年，妈妈试图自己腌上一缸，可是因为室内的温度过高，还没等发酵好，菜就早早腐烂了，心疼得妈妈唠叨了半日。

　　一方水土养一方人，作为一个土生土长的东北人，我想无论酸菜的制作方法怎么改变，它都会是我们日常餐桌上的常客。因为它承载着母亲的温度，承载着心里的一段乡愁。属于你家乡的味道在你的记忆里久久存在。

哎哟喂，你的玻璃心

一个周二的午休时分，窗外雾霾沉沉，平常喧闹的教学楼里难得清净了片刻。我吃了一份盒饭后百无聊赖地歪在椅子上，想简单歇歇。不经意抬头间，看门口晃过一个中年男人的影子，他扒着门探头探脑地问："你是老师吧？"我心想可能是学生家长，于是答道："对啊，你是哪位？找谁？"他接着说："麻烦你出来一下。"我半信半疑地走出门，看到门外还有两个人等在那里，都是风尘仆仆的样子。经过介绍得知，这两个人是公安局的刑警，刚才那位是学校保卫处的同事。其中一位警察上前一步说："你好！老师，有点事可能需要大一的学生协助调查一下。"我试探着问："是不是学生出问题了？"他很快回复："没有，没有，跟学生没什么关系，你放心，只是配合调查而已，你也不要跟学生多说，我们知道现在的孩子都比较脆弱。"我略显紧张地说："既然没学生什么事，你可别吓唬他们。之前有个孩子也是协助调查，回来后半个月没好好上课。"对面的警察一副理解的表情说："您放心，现在的孩子我们也不敢惹，太脆弱。"

"现在的学生都脆弱"是警察一再强调的话，一想到他对学生的评价，我不禁哑然失笑。这几年，有因为学习不顺利而痛哭流涕的，有因为寝室关系处理不好而申请调换寝室的，有因为被女朋友甩了而喝一顿闷酒进医院的，还有因为找工作受挫而灰心丧气变"宅男"的。唉！莫非"95后"们都有一颗玻璃心？

咱们先说说学习吧。这恼人的话题啊，从小到大不知被说过多少回，可学习是学生的天职。一旦进入大学，就会出现两类比较极致的学生。一类是"热血青年"型，这类学生满腔热情，恨不得节节课坐在第一排，课前预习，课后复习，休息时间泡图书馆。然而几番折腾之后，高数依然不会，英语还是挂科。我曾经有这样一个学生，他因为感觉自己付出了太多但并没有反映到成绩上而失落至极。二十岁出头的大男孩在办公室里哭得像个泪人儿，把我弄得也很伤感。

另一类是"放飞自我"型，这类学生一进入大学便迅速放飞自我，投入到各类游戏的怀抱。吃，基本靠外卖；穿，不光着即可；住，三年不洗床单；上课，选修必逃、必修选逃。看似幸福生活的背后是极大的空虚和失落，后果可想而知，学习目标缺失，生活状态不健康，最后门门功课"挂红灯"，毕业困难，惊回首，涕泪两行，虚度四年时光。然后整夜整夜地失眠，情绪低落，颓丧至极。最后还可能出现心理问题。

说完学习，我们再来看看寝室关系。大学寝室里最常见的现象是：大一的时候无论上课、吃饭、逛街都一起出门，大二的时候三五成群，大三的时候双双对对，大四的时候则变成了单打独斗。四年的时间，寝室里记载了太多芝麻蒜皮的事情。一地鸡毛的同时，室友关系也逐渐疏离。不良情绪长年累月地积累，也催生了马加爵一类极端学生的出现。不懂得处理人际关系，不会排解和发泄自身不良情绪，后果不堪设想。

寝室同学关系紧张，班级同学交往疏离，有一部分学生开始寻找另一种心理安慰——谈恋爱。爱情来得太快，比龙卷风还快。没确定关系的时候猜来猜去，若即若离，你怅怅惘惘；确定了关系之后，今天生气了，明天吵架了，早上还你侬我侬，下午就水火不容。影响学习自不必多言，因谈恋爱情绪失控、拳脚相加的也不在少数。

出现上述现象的很大一部分原因是学生们在自身性格、原生家庭的教育培养等方面有所差别。那么我来描摹一下一个大学生正常的心理状态吧，他应该是阳光向上的，感情丰富且不失理性，对自己的优缺点有清醒的认识，遇见困难和挫折能够合理归因，不偏激、不盲从，知道通过何种途径排解自己的不良情绪。

走错了路不可怕，重要的是在知道自己走错路时能及时停下，冷静思考，调整方向后再次启程。要想努力提升自己的自我效能感，可以听一听北大的《大学生职业素养提升》公开课，掌握几种科学简便的方法，合理宣泄情绪，课余时间可以多接触一些文学艺术。我相信，一个可以从内心深处感受《红楼梦》中琉璃世界白雪红梅之美的人，一个可以从古典音乐的弦歌中感受婉约和悲凉之美的人，他的内心深处会天然催生出抵御所有世间寒凉的抗体。

年轻的同学们，也请尽量多参与劳动，虽然这个词现在显得有些陈腐，可人类之所以能进化成人，靠的就是劳动。当你脚踏实地地做点事情的时候，哪怕是把寝室收拾得焕然一新，哪怕是义务帮助学院打扫门前的落叶，你的大脑会自然分泌出缓解焦虑、失落、烦躁的激素，这些都是令你感到快乐的良药。

人总会慢慢长大，你的玻璃心也会经过无数次淬炼。在还没有足够强大之前，要先学会修修补补。自己修补不好时请及时求助师长。我相信学校的每一位老师都愿意竭诚帮助你。

此去经年，还好有你

寒假踏着蹒跚的脚步跌跌撞撞地来了，往日喧闹的校园突然冷清下来，通往机械楼的小路少了青春身影的点缀，倍加萧瑟寂寥。看着很多学生通过微信、QQ发给我的安全到家的消息，我紧绷了一个学期的神经终于有了些许放松。

没有事务性工作的打扰，我可以安安静静地看一会儿学生给"校园嘚吧嘚"的投稿。其中一篇文章让我停住了视线，这是一名大一女生的文字，主题是关于友情。她在文中回忆了自己的高中生活，提到了高中时集体去食堂抢饭的热闹，课间与闺蜜争相讨论自己心中偶像的兴奋，亦有每天晚上室友挑灯夜战、不眠不休的刻苦学习场景。再到后来高考结束，同学们各奔东西，不再有闪烁的班级群聊信息提醒和原本如同亲姐妹一样熟络的同学，现在的交流只剩下朋友圈里冰冷的点赞。她知道曾经炽热的友情已无可挽回，只是心中还有一丝惋惜和无奈。岁月流转，她们都已不在身边。

很快，返乡的"小可爱"们就会遇见自己时隔半年未见的朋友、同学，没准他们已经在准备各类小范围聚会的途中了。面对老友，可能也会发出跟上面投稿的女同学一样的感慨。人还是那个人，怎么感觉不一样了呢？我只能说，时间是一路向前的，你们确实是再也回不去了。

再给大家讲个故事吧。我在读大学时，有一个寒假回家后突然接到一个初中同学的电话。我就读的初中在我们小小的县城里也只是个名不见经传的学校，每年不到一百人的毕业生中，有很多同学初中毕业就不上学了，能上重点高中的人并不多。给我打电话的同学姓刘，印象中他是一个老实厚道、有轻微口吃的男同学，他个头不高，脸色微黑，总是在同学们放学后带着从家里拿的锤子、钉子义务为班级修理桌椅。初中毕业后他去了一所职业学校，专门学电焊、汽修，彼时已经在大连的一家公司工作了。他热情洋溢地邀请我参加一个小型同学聚会，还一并细数了他都邀请了谁以及具体的行程安排。我很感谢他还想着我，于是欣然接受，准时赴约。

聚会当天，来了七八个同学，我们订了一处包间，环境优雅整洁。这七八个同学中有一些是当年要好的。他们中有像我这样读普通本科的，也有进了"985"高校的，也有已经工作的，还有一名女同学已经当了妈妈。时隔五年，再次相见，彼此很亲切，该回忆的回忆完了，却不知该说点什么，剩下的就只有吃吃喝喝。每个人身上都发生了很多新鲜事，可惜却没能引起其他人的共鸣。

他们变了吗？我心中的那个憨厚老实的刘姓男同学怎么就成了叼着香烟、染着一头黄发的社会小青年了？曾经因为和 A 君总是上课说话，被老师狠狠批评过，如今聊天却几度冷场。遇见了原来好得跟一个人似的婷，她还是那么端庄大方，只是我不知该跟她说点什么，她的孩子已经两岁了，可我连恋爱都没谈过，育儿的话题根本接不下去。我对这次老友重逢有些失望，想起再也找不回以前的感觉了竟有些许痛苦。

现在想起这些，实则已经释然，无论是友情还是爱情，都需要特意维持与经营。如果不是机缘巧合，很多人一生的交集也只有那么一小段。时间有限，我们舍得为其付出时间的也只有那么几个人。上了大学以后，你们认识了新的朋友，加入了不同的社团，吃着不一样的美味，经历了各种新鲜的烦恼和喜悦。没有生活交集，疏离是自然现象。

与其惋惜友情凉薄，我们可以为挽留真情做的事情也有很多，比如共同成长。肖是我研究生时代的好友，具体怎么认识的已经记不太清了。读书的时候，我们常在一起上自习，偶尔时间充裕，我会到她们寝室串门，她每次都会给我倒一杯热乎乎的柠檬水，我们平时在一起谈论天文地理、市井八卦，无所不聊。毕业后，她继续到上海读博，后来辗转去莫斯科留学，再后来到成都任教。我结婚生子，回归家园，定居东北一隅，我们鲜有见面之时。但此去经年，我们仍然保持着很好的联系。偶尔聊起天来，依然滔滔不绝，情趣盎然。说实话，对于这段根基浅薄的友情，我并未刻意维护。现在想想，我们保持友谊的主要原因可能是我们共同成长。她视野开阔，总能启发和拓展我的思维和眼界；我虽然家事繁忙，但也跟跟跄跄地不放松对自己的要求。我们在不断的折腾中看着对方渐渐变得美好。我不会催问她怎么三十多岁还不结婚，她也不会问我怎么就选个当兵的嫁了。我们不屑有这样的疑问。

在我看来，一段经得起考验的友情或者爱情一定建立在彼此欣赏的基础上。怎么能彼此欣赏？就是不断地同步成长。谁懈怠下来，谁就要掉队，这不是挽留或者惋惜就可以解决的问题。

朋友，不只我变了，其实你也一样。只是希望你变得更智慧，更豁达，经历更多，体会更丰富。愿我再见你时，你依然美好，依然有趣，依然如我们友情抽芽之时一样散发着强大的吸引力。祝福所有人遇见更好的自己，不忘老友，再结新缘。

对旷课 say "no"

从事学生工作难免生气、上火、着急、焦虑，动不动心理阴影面积就无限大。在一个周一下午，我抽查了五个班的上课考勤记录，陡然发现若干名"小可爱"的旷课劣迹，当即把他们找来办公室谈话。

"不上课！不请假！干什么去了？"

回答一："老师，我感冒发烧，太难受了。"A 同学一脸真诚地表示。

这一类学生属于"林妹妹"体质，身体状况有点风吹草动，便自觉给自己放假，根本就没有轻伤不下火线和请假的概念。

回答二："老师，我家亲戚来看我了。"B 同学理直气壮地说。

唉！不管是亲朋好友还是亲爹亲娘，能告诉学生"我来了，你别去上课了，一起逛街吧"之类的话吗？对此我只能眼含热泪地说：好样的！能考上大学太不容易了！

回答三："我不愿意动，在寝室躺着了。"C 同学板着一副冷漠脸，傲娇地说。

听了他的话，我感觉自己瞬间要原地"爆炸"。心里一直循环默念："这是我的亲学生，这是我的亲学生，不能体罚，不能体罚……"

作为一名每天内心戏非常丰富的辅导员，我通常倍受学业预警学生的折磨。诚然，除了个别天赋异禀的学生觉得学习很轻松，对于大部分普通人来说，学习的确是一件苦差事。它是辛苦的，枯燥的，甚至是无趣的。它需要良好的自律能力、极大的耐心以及顽强的毅力。它的即时反馈较慢，很难给学生们带来心理上的快感。所以在漫长的求学过程中，总有一些自我管理能力较差的学生在浩浩荡荡的学子大军中掉队，其中不乏身经百战的大学生们。而在大学里学业掉队的第一步就是从旷课开始的，在大学里旷课并不时尚，不夸张地说，这是自我堕落的第一步。

每一名初入大学的学生都像是一个空空如也的玻璃瓶，时间对每个人都是公平的，你用它装上什么，你就会变成一个什么样的人。四年时间里，有的同学把大部分时间用在了学习上，那么他的瓶子里就装满了各项奖学金证书和超强的个人专业能力，未来无论是找工作还是考研，他都能游刃有余；有的同学把大部分时间用在了科技创新上，那么他的瓶子里就装满了各项专利证书和项目结题报告，这丰硕的成果在毕业的时候闪着金光；也有的同学热心于社团活动，那么他的瓶子里就装满了出色的管理能力、表达能力以及包裹在这些能力之内的担当、责任和大气，这些都是不可多得的就业资本。当然，还有个别的同学用网络游戏、无谓的吃喝玩耍填装了自己的瓶子，那么最后剩下的只有虚无和腐烂，四年之后瓶子依然空空却蒙尘许久，污垢难除。作为老师，我希望你们把所有有益的东西都填装一点，尽力把自己的瓶子装点得五彩斑斓。

那么在正常的上课时间，你不在课堂上，你的时间用在哪儿了呢？你用它往瓶子里装了什么呢？很遗憾，我所知道的经常旷课的学生，不是窝在寝室里打游戏、睡觉，就是一个人或者几个人在街上游游逛逛、无所终日。"没目标""混日子"成了这些学生的代名词。其中，旷课玩网络游戏的是大部分。

说起玩游戏这件事，我承认它确实要比上课有趣得多。几乎所有在现实生活中无法即刻得到的东西都能在游戏里得到。你会成为英雄，成为壮士，收获无数鲜花、掌声或者美女，你还可以尽情释放自我，在虚拟世界里毫无掩饰地表达自我。这在一定程度上确实可以缓解压力和焦虑。然而，人毕竟是现实生活中的人。网络游戏里的积分再多，等级再高，也不能替代学业生活中的各科分数。纵然你在网络游戏里是身怀绝技的大神，也无法解决你现实生活中无一技傍身的尴尬。人不是机器，完全按照计划和程序行事着实很难，也很无趣。但是无视正常上课时间，无限制地沉迷虚拟世界，会让自己陷入一种无法控制和管理自己的失落情绪当中。而回到课堂，合理分配时间，做有意义的事是从这种情绪里走出来的不二法门。换句话说，就是用合理去替代不合理，用理智去填充盲目。网络游戏可以玩，每天半个小时足矣。

对于学生来说，旷课是可耻的，如果说学生品行里有原则问题，那么旷课就是原则问题之一。也许此时旷课的你在千里之外的父母脑海里还是一个勤奋刻苦、学习认真的好孩子，那么你就欺骗了父母；而对于费尽心力准备了一堂精彩课程的任课老师来说，你就辜负了他们的劳动成果；对于你自己来说，在你旷课的那一个半小时里，除了担惊受怕地带着巨大的心理压力玩上几局游戏或者睡了不踏实的觉以外，什么也没留下。

千里之堤，溃于蚁穴。一个大盗是从儿时的小偷小摸开始的，一个跟班试读甚至是降级的学生，也许就是从第一次旷课开始的。对旷课 say "no"，才能对自己的生活 say "yes"。

关于考研的二三事

临近大三下学期结束，我的很多学生都开始了自己的考研计划，我粗略地统计一下，大致占总人数的四分之一，人数之多，连我自己也有些惊讶。但是，为了实现这个目标，你做好准备了吗？

你选择考研的动机是什么？这个问题我在其他文章里说过。如果是为了躲避就业压力，那还是算了吧，就业这个事是无法躲避的，没有良好的素质，你读到博士照样还是没工作。还有，你是一个热爱学习的人吗？既然你选择了考研，如果成功，你必须在未来三到四年内还要做一个地地道道和书本打交道的学生。还有，你选好目标学校了吗？你对这所学校的目标专业了解吗？你是否能够每天连续学习达6小时以上，坚持6个月左右？这时候你也可以冲我大吼一声："我就是要考研！为什么让我想东想西的！就是要考研！"好吧，这说明你已经到了破釜沉舟、背水一战的状态了，相对来说，考试胜算很大。那剩下的就只有行动了。

作为一个"学霸级"的老学姐，我给大家推荐几个个人认为十分有效的学习方法，适用于任何人。

第一，对于既抽象又枯燥无味的知识点，最好的办法是简单重复。不停地重复，达到一种能背下来的境界后，有一天你会突然发现，你灵光乍现地明白了课本上说的是什么意思。我至今也不知道这有没有什么科学道理，只是这种事情已经在我身上发生数次了，我只能把它归结为简单重复创造奇迹法。

第二，确定每一天的学习计划，然后严格执行。在执行不力的情况下，一定要当天补上，哪怕是牺牲自己的休息时间。这就是对"自己选择的路，跪着也要走下去"的最好诠释。

第三，充分利用你一天中最有效率的时刻。把"最难啃的骨头"安排在这个时间段，比如工科生的英语背诵时间，文科生的高数时间。

第四，适当休息。这里不是让你真休息，而是让你在学累了一门课程时赶紧换另一门，改变一下思考方式。比如说眼睛看累了，就用耳朵听会儿英语听力。

最后还是忠告一句，去图书馆自习的时候请远离吵着要吃零食的女朋友和铃铃作响的智能手机。美女和智能手机猛于虎也。

祝你考研成功，不成功也不能成仁，毕竟生命可贵，想不开的时候赶紧找老师聊一聊。

考研失利又奈你何

研究生考试成绩出来后，我就不住地打听学生们的战况如何。和所有考试一样，结果自然是几家欢乐几家忧愁。分数高的学生，脸上是遮不住的笑，说话的声音也带兴奋劲；分数低的学生，通常是默默低下头，声音低沉地说"自己没考好"。一般从这时开始就有若干个考研失利的同学到办公室请假，他们要去参加校招了。

对于任何求之而不得的事情，有些许失落是正常的。但是人生的路那么长，我真想给学生们喝一口"毒鸡汤"："不就是一场考试没考好嘛！这算什么，以后你要面对的失败更多呢！"从上大学开始我们就不断地面对各种失败。大一的时候想进心仪的社团，不是才面试一回就被淘汰了吗？大二的时候，四六级过了吗？考几次过的？自己喜欢了那么久的女孩和你牵手了吗？被拒绝几次了？或者你连表白的勇气都没有，每次都假借着朋友的名义去关心人家。大三的时候终于找了一份校外兼职，干了一段时间，老板嫌你不机灵，找个理由把你换了吧。大四的时候准备考研，拼命在图书馆熬了大半年，全世界的人都知道你要考研了，结果成绩出来后却像个笑话。看看，这是多么悲惨的大学生活啊！不光是大学生活，如果你的心理承受能力够强，我再帮你往前捋捋，看看你之前的生活是不是一帆风顺、充满阳光。好了，好了，不要再相互伤害了。不仅是从前和现在，未来也是一样的，你可能会经历比现在更难的一段时光。万事如意永远都像一场春秋大梦，磕磕绊绊才是生活真相。

《士兵突击》里有句经典台词："日子就是问题叠着问题。"你的失败够多，运气够差，可伟大的社会主义事业都是在曲折中前进的，你抱怨什么呢？这就是客观规律，你又矫情什么呢？大一的社团虽然没参加上，但是共同参加社团的朋友是不是还剩下几个？社团面试是不是让你既紧张又兴奋，以后你在人前说话还哆嗦吗？比以前好多了吧？大二的英语四六级考试没有通过，一直不过，就得一直学啊。虽然到大四了仍然考没过（这也是个悲伤的故事），但是简单的英文说明书能看明白了吧？这就是进步啊！上了四年学，当了四年"单身汪"，对喜欢的女孩子一直没有表白，可是我相信她知道你的心意，即使毕业以后也还会记得在年轻的岁月里有个人在默默地欣赏着她，这时候她看你的眼神都会多一丝温柔和情谊。谁说暗恋不是恋呢？这种享受属于自己秘密的苦涩和甜蜜的感觉简直棒极了，不是吗？被兼职的老板换了又怎样，至少你尝试过。你不是还用挣来的钱给爸妈寄去一台按摩仪嘛，这可成了年节里让老两口在亲戚面前扬眉吐气的重要谈资啊。至于考研失利，更不算什么了，要是觉得不甘心，你对学术的热情仍如滔滔江水绵延不绝，那就"二战"呗。要是觉得没信心再坚持一年，那就赶紧收拾简历，穿好正装去找工作。心情不好的时候，绕着操场跑两圈，回来后你自己都要高看自己一眼。窝在寝室里打游戏只能让你的眼神更加模糊，头脑更加麻木，腰身更加粗壮。生活哪有那么多纠结？庸人自扰的故事都是给谁讲的？

别说我站着说话不腰疼，其实我的生活从来没有顺利过，都是在汗水和泪水中蹚过来的。子非鱼，不知鱼的乐，也不知鱼的忧。你也不要羡慕周围的其他人。临渊羡鱼，不如退而结网，所以该干什么就干什么去。考研失利又奈你何。命运啊，不服来战！

女生 VS 考研

　　我毕业之后参加过的面试大大小小加起来差不多有一百场。这期间有很多 HR 问过我类似的问题：后不后悔考研？他们的语气和眼神中有的是好奇，有的是惋惜，有的是鄙夷。我在网上也看过一些奉劝女生不要考研的文章，说读研究生对于女生来说是浪费时间和青春的事。我只想说一下自己对这两件事的态度。对于前者，我会面带微笑、斩钉截铁地告诉对方："这个问题我仔细考虑过，真诚地说，我一点都不后悔！"对于后者，我也会笑着简单地读一遍文章，想想作者的逻辑。

　　我总觉得人生的选择好像没有什么对与错之分，不一样的路，不一样的风景，为什么太多的人都固执地用自己的价值观去套牢别人的生活，然后还很矫情地去评论所谓的好与坏呢？家里的一个妹妹在东北一所不错的大学读工科。她在读大三的时候问我："思严姐，你说我到底要不要考研？我们专业也不太好找工作。"我记得自己当时说："答案只有你自己才知道吧，不过我想跟你说，要是仅仅为了逃避就业压力而选择考研的话，那就算了，没意思。就业问题是逃不过去的。"这也是我现在的观点，有些事情只有自己才知道答案，跑去问别人，只不过是为了更坚定自己的某种想法而已。其实事情该发生的时候，自然就会朝自己内心最想要去的那个方向狂奔，所以一切只能从心。人一旦活得太功利，就会陷入无休止的算计当中，简单的快乐少了，离内心的安宁就远了。

回到最初的问题，其实我并不反感 HR 问我这样一个有那么一点点挑衅性的问题。因为读研，我在学校里多待了三年，这三年里我原来的朋友、同学中，做买卖的已经小有成就，工作的也许成了某个行业的骨干，很多女孩子都已经结婚生子，享受天伦之乐了。而我们这批人，曾经是老师眼中的优秀学生、家人眼里的小小骄傲，刚刚踏入社会，奔波在各个城市的一隅寻找自己的工作机会，一身的书卷气，个人问题毫无进展，谈起工资来和刚毕业的本科应届生差不了多少。这样看起来，高不成低不就的女硕士确实成了鸡肋，弃之可惜，食之无味。可是，只有我自己心里清楚，这条路是自己的选择。大学四年，我是那么渴望能够体会一下研究生生活。我遏制不住自己的念头，于是我拼命努力，在那样一段岁月里，只是为了自己的一个信念，起早贪黑，不知疲倦。当知道自己心愿得偿的时候，内心的喜悦和满足也许只有自己明白。

生活本来是没有颜色的，之所以会变得五彩缤纷，是因为它是每一个生活的主人公用内心的色彩勾画出来的。三年时间，一年读了好多书，一年旅游、恋爱，一年工作、实习。时光转瞬即逝，书的内容早已忘记了，短暂的恋爱夭折了，实习的岗位和毕业后的工作也大相径庭。有形的东西都不见了，一切完全归零，出了校门，孑然一身。可我知道这三年的时间没有浪费，只有认真生活。我感谢黑龙江大学能给我这样的机会，留我在她的世界里度过了人生中美好的三年时间，不多不少，刚刚好。出了校门，我依然年轻，依然笑得灿烂，与之前的锋芒毕露相比，多了一丝沉静。钱，少挣了三年，以后可以努力再挣回来；人，没有嫁，但我不敢保证，我不读研究生就能嫁得很幸福，身边已经开始出现离婚的朋友了；工作，少了三年经验，可是到头来我还是工作了。其实，我并没有少了什么，又何来后悔呢？只不过，有些话都只能说给懂的人听。不懂，也不需要解释了。

　　不管男女，多读些书总是没错的，可能形式是多样的，你可以去上学，你可以报兴趣班，或者单纯地泡图书馆、逛书店，再或者和一个博学的人聊一聊天。我们这样一类人仅仅是选择了其中一种方式而已。

"愤怒"的青年

一个下午的课间，办公室里熙熙攘攘。每个辅导员的周围都聚着一圈学生，临时开会的、请假的、谈话的，中间还掺杂着几个给学生证充磁的、交表的。偌大的空间顿时被填充得满满当当，人声鼎沸。

隐隐地，我听见有人唤："老师！老师！"我正给学生开假条，几个大小伙子围在眼前，我根本看不到后面站着谁。我半起身子伸长脖子一看，门口站着一个穿藏青色羽绒服的男孩，脸冻得红扑扑的，头上挂着黑色的护耳包，原来是小E。他前一天刚刚在QQ上问我什么时候有时间，说想跟我聊聊。我示意他稍等一会儿，容我把手头工作处理一下。小E憨厚地点点头，冲我摆摆手，用带着浓厚乡音的语调说："老师，你忙你忙，我就在外面，随时叫我就行。"收拾完案头的工作，我招呼小E进屋坐下。

小E是一名来自大西北的学生，一个农民的儿子。他的性格中有着西北男生天然的质朴、憨厚和耿直。我们之前接触过很多次。军训的时候，他训练特别刻苦，一板一眼，绝不偷懒。义务劳动中，需要学生把桌椅从体育馆抬回美术学院，眼看着有很多同学抬了一两次就折返回宿舍了，小E一连搬了四次，累得满头大汗，还咧着一口小白牙乐滋滋的。他之前当过班级的临时负责人，后来在班级民主选举中落选了，我还特意把他叫到办公室开导一番。彼时他虽心有不甘，但是也理解同学们的选择。他告诉我他要继续努力，让自己更完善。我还鼓励他，不管是不是班级干部，都是一样可以为同学服务的。

小 E 坐定后，一边拽着手中的手套一边说："老师，我有点困惑，想跟你说说，憋在心里很难受。"我点头示意他接着往下讲。他顿了顿说："老师，我看不惯啊！我就不明白为什么很多同学上学不珍惜时间，反而就只顾着打游戏。吃饭也总是吃外卖将就。打扫寝室卫生也不积极，就像不是自己的地方一样。还有很多同学参加集体活动也不积极，非常冷漠。老师，怎么会这样呢？我看着他们着急，又生气。"小 E 说话很急，声音又大，我能感觉到他的激动情绪。他性子直，曾经不止一次在学生骨干例会和班会中表达自己的观点，直接在现场就把有些同学说得体无完肤。我曾经调侃道："怎么一个'文青'辅导员带出来一个'愤青'学生？"我觉得上次他在班级民主选举中落选与他的处事和表达方式也不无关系。

2015 年秋季，当时我所带的 2013 级学生正值大三上学期，他们是学院大类招生政策实施之后的第二批学生。新的招生方式，新的管理方法，学生工作如何开展，我们基层工作人员也在慢慢摸索。在工作中我们发现，专业分流之后仍然保持原有的寝室构成非常不利于学生们的学习和生活。同一个寝室的学生来自不同的专业、不同的班级，课程设置不一样，作息不一样。经常有学生跟我反映这种情况影响睡眠和寝室关系，同班同学在一起上了一学期的课，居然还没互相认识。我们在查寝的时候也发现难得有卫生环境好的寝室，因为总有几个没课的学生在寝室休息。在 2014 级率先开展按专业重新分寝室以后，我们 2013 级也动了起来。这个消息一经在学生群里发布，就引起了轩然大波。很多学生因为原来的寝室感情牢固而不愿动，也有一部分是懒得动的，也有只想站在旁边看热闹的，大家匿名在群里杂七杂八地说着抱怨话，还有部分学生冒用一名吴姓同学的名字在群里肆意发泄自己对这次调换寝室的不满，也有部分对调换寝室表示支持的学生在言语激烈地回应。反正是匿名，你看不见我，我看不见你，大家吵得不亦乐乎。"破窗效应"开始发酵，后来我不得不开启全员禁言模式。

事后，调换寝室的工作正常进行，群里的铿锵大将们悄然无声地淹没在了现实中。隔了几天，我回头翻看学生们在群里的发言，发现很多都是跟风一般的情感宣泄。吵来吵去，乱得如同一锅粥，过后还要像一锅腐败的粥一样统统被倒掉，没有一丝营养。直到学生们慢慢成长一点，他们才渐渐感受到学院的良苦用心，以及给他们的学习和生活带来的便利。之前的寝室朋友并没有因为不在一起住了而渐行渐远，现在又有了新的朋友。作息时间统一，彼此照顾有加。小小的"网络暴民"们偃旗息鼓，只是吴姓同学直到毕业见到我还略有些尴尬。

那么，同学们，当你们面对所谓的看不惯，面对不满，面对委屈，在看得见的现实和看不见的网络里，你们要如何表达自己呢？其实不管在哪里，只要坚持两条：第一，给对方善意的提醒；第二，提合理化建议。其他感情化的语言基本都是在宣泄，对解决问题毫无作用。

再给大家讲一个故事，这讲的是历史上一对著名的好朋友——管仲和鲍叔牙。管仲和鲍叔牙年轻时就认识了，大概也就是和你们现在一样的年纪。那时候他们两个合伙做生意，合作过程中管仲总是多拿一些两个人一起挣的钱，年底分红的时候得来的利润还要平分。后来鲍叔牙的伙计不乐意了，大致意思是凭什么一样干活，管仲总是多吃多占。管仲之前偷着花两家挣来的钱，鲍叔牙心里最清楚。他跟伙计解释："管仲家里确实要比我们困难，上有老下有小，他本不是一个爱贪小便宜的人，只不过是现实所迫罢了。"伙计只得不了了之。后来兵荒马乱的年月里，管仲和鲍叔牙不幸被抓了壮丁，打仗的时候，管仲总是在冲锋的时候留到最后，在撤退的时候跑得比兔子都快。领兵的长官不满，军队里怎么能养这种贪生怕死的人呢？又是鲍叔牙出来解释，他说："管仲并不是一个贪生怕死的人，只不过家里有八十岁的高堂在，他还要尽孝，实在得珍惜自己的生命。"领兵的长官只得气哼哼地转身告辞。

　　从这个流传已久的故事中我们可以看出管鲍友谊情比金坚。还有一点也想提醒大家，其实每个人的选择背后可能都有自己不得已的苦衷，你不是他，也便不知他的喜和忧。回头说说小 E，平心而论，我骨子里赞同他的价值观念。但是，同学们，生活中并不是处处都存在和你有一样价值观的人，国与国之间还要讲究"求同存异"，人与人之间也无外乎如此。每一个人成长的家庭环境不一样，接受的教育方式不一样，个人经历也不一样，那为什么要求所有人都和你一样呢？多一点理性思考，多一点感情理解，也许彼此的快乐也能多一点。人性总是复杂的，一个无恶不作的惯犯很可能也是一位慈祥的父亲，一个不讲卫生、懒惰的班级同学也有可能是家里一个有担当的哥哥。总是看到别人的不足，又不能合适地表达自己的感想，那结果就是既改变不了别人，又影响了彼此的感情。同学关系如此，对亲人、爱人亦如此。我们需要做的是想办法、动脑筋，让那个不爱收拾寝室的同学动起来，让那个不爱学习的同学走进图书馆，让那个有点自私、爱贪小便宜的同学学会分享和共赢。

　　"横看成岭侧成峰，远近高低各不同。"这说的是庐山，也是世间所有的事物。无论在网络虚拟世界还是现实生活中，学会更好地表达自己，学会用逻辑和事实说话。即使是玩网络游戏，也不要肆意谩骂队友。即使是面对类似"王宝强事件""江歌案"的时候，也要保持一颗理性的心，还要在理性的基础上拥有更多宽容。这篇文章送给小 E，也送给大家。

知道你作弊了，我特想揍你

年终岁尾，聊聊考试周里的事吧。

东北的冬天异常寒冷，可能也因着这气候，我们的寒假比南方某些高校的要稍长几天。临近年终，学生们的期末考试陆陆续续地开始了。考试周里，诸如设立"诚信考试"展板、深入班级强调考风考纪、签订诚信承诺书、参与巡考等工作都是我们学生工作的规定动作，可即使是这样，还是会有个别同学在考场上铤而走险。每当知道学生作弊时，我内心的第一反应就是狠狠地揍他们一顿。

2013 年秋天，我刚刚参加工作，带刚入学的大一新生，每天风风火火，忙得不亦乐乎。一个秋季学期下来累得精疲力竭，终于扳着手指数到了考试周，寒假快到了！一天上午我正在统计数据，同事走到我身边小声告诉我："院长让你去一下。"走在长长的走廊里，我心里不住地打鼓，到底是什么事呢？

敲门声落下，我应声进屋，德高望重的老院长示意我坐下，室外温和的阳光为他花白的头发披上了一层柔和的光。老院长板着脸，严肃地对我说："小郑，你在考前开班会了吗？诚信教育做没做？"我听了心里咯噔一声，低着头，用自己都几乎听不到的声音说："没、没有。"他点点头接着说："考试周里，你带的这届学生里被认定为作弊的学生有7个。你知道这对学生意味着什么吗？对孩子们未来学业的影响有多大吗？"听了老院长的话，我不知该说些什么。

从院长办公室出来，我一脸落寞，同事安慰我说："也别太郁闷了，吃一堑长一智，咱们的工作就是这样，一句话说不到，学生可能就出错，赶紧打起精神处理后续工作吧。"

其实，如果这件事情没发生，我可能都不知道"考试不能作弊"这个问题是需要专门开班会强调的。随着工作经验的积累，我开始明白，不能用自己的价值观去套牢学生。就像放假离校之前要提醒学生们关好寝室门窗、断水断电，冬天路滑要提醒他们注意交通安全一样，考试不能作弊，这个道理大部分学生都懂，但是如果不强调，学生们犯错的概率就会高出许多，所付出的代价也令人唏嘘。

2014年夏天，又到了考试周。夏日傍晚的空气微凉，火烧云在不远的天际灿烂地燃烧，我俯身窗前，凝神欣赏着大自然的神奇景象，内心是一片宁静祥和。就在此时，电话铃不知趣地响了，听筒那头传来一个略显暴躁的男声："你是小志的辅导员吗？能不能过来一下？这个学生都跟踪我一晚上了！能不能把他接走？"细问之下，我终于明白，那个叫小志的学生在最后一科的考试过程中作弊被监考老师抓到，学生一直不甘心，考试结束后就一直纠缠监考老师。刚好赶上那天监考老师下班去参加同学聚会，小志就一直徘徊在餐厅门口，这位老师不胜其烦，实在没办法才给我打了电话。听到事情经过，我心里涌起一种强烈的恨铁不成钢的无奈感，随后立即给小志打了电话，要求他不要再纠缠监考老师了，第二天再到我办公室谈他的问题。

第二天一早，小志头发凌乱，眼睛浮肿，看来这一夜他也没睡好。我问他："昨天到底怎么回事啊？你丢不丢人，不仅作弊，还学会跟踪了，要是人家老师报警了怎么办？那今天我就得去派出所领你了！"小志一脸委屈地说："老师，我对那位老师真没有恶意，就是想缠着他别把我的事情上报，我知道作弊的后果。我害怕啊！"

我平时脾气很好，基本不跟学生发火。那天看到小志那副颓废的样子，一股无名火呼呼地往上蹿。我不禁气急败坏地大声说："我嘴皮子都快磨破了，不让你们在考场上搞小动作，你到底怎么回事？你还知道害怕，知道害怕还抄！"对面的他立刻蔫了，眼圈也渐渐泛红。小志的样子让我又气又不忍，自己的火气也消去一半。我把《学生手册》拿出来，跟他说这件事也不是没有挽回的余地。学校严惩作弊并非是要难为学生们，只是想严肃考风考纪。惩罚只是手段，并不是目的。要想顺利毕业，得按照手册上的规定做到几点。

辅导员并不是道德家。拿我自己举例子，我身上的缺点数不胜数。和我那些完不成课程设计的学生们一样，我的拖延症严重，上级交代的很多任务都是到了最后期限才不得不打起精神赶紧完工。赶上节假日，恨不得赖在家里一天不出门。看见朋友圈里有人发美食图片，没准第二天就能看见我在那大快朵颐。但是我一直都知道诚信这个事一点不能马虎，也从来不做什么"天上掉馅饼"的美梦。就像考试作弊这件事，如果被监考发现了，那吃亏的肯定是自己，心脏受不了；如果没被发现，对不起的就是和你站在一条起跑线上的同学，良心受不了。

作为高级灵长类动物，人类很幸运地具备了趋利避害的能力，对于这种能够不劳而获的"好事"，当然会趋之若鹜。可是你能保证你一直这么幸运下去吗？即使是现在不被监考老师发现，有一天走向社会也会被实际工作发现，到时候有了各种社会关系、有了家庭和孩子的牵绊，你想安静地补上学时候的漏洞都很难有时间静下心来学习。那为什么不趁现在？趁现在正是少年读书的时候，一点一滴，日积月累，努力学习自己的专业知识，培养自己的兴趣爱好。那样，无论是在考场上还是在生活中，你都肯定不是弱者，你不再是一个瞻前顾后等待别人答案的人，你是一个主宰者，你可以在试卷上挥毫泼墨。平时努力学习，考前认真复习。回馈给你的是你在任何时候、任何地点都能顶天立地地对所有人说"我可以"。汗水换来的成绩最让人珍惜。

有多少人在不经意中被时代遗忘

在 2015 年冬天的一个北风呼啸、雪花漫天的日子里，我下班之后用网约车 APP 约了一辆出租车，结果在雪里等了将近十分钟，车还是没到，我无奈地拦了另一辆车回家。上车后，司机问我怎么一直在他的空车旁站着，我解释说被网约车司机放了鸽子，一直在等。谁知司机把话头接过来，大意是说：怎么能用打车软件呢，现在没几个出租车司机用那种软件，他都不会用，也懒得用。可以看得出来，他对网约车的兴起意见很大，这种抱怨和愤慨直到我下车才结束。这个司机不像是一个能听进不同意见的人，鉴于此，全程我不置可否，选择沉默。

但是他的话却引起了我的思考。这位司机说他不用软件的原因大致有三：一是他认为网约车会分流一部分客源，影响传统行业效益；二是他不会用；三是他也懒得学。在这里，我们遇到了一个学习意识和能力的问题，现代社会的发展速度一日千里，特别是网络的盛行和智能手机的出现极大地改变了人们的生活方式。十年前，人人都能有一个掌上电脑是个美好的想法；十年后，它已经变成了我们的真实生活。以之前提到的司机为例，网约车是网络时代的衍生品，这是大趋势，但是司机拒绝接受这种趋势，我不敢说未来他的生意会销声匿迹，但至少会受到影响。他就是典型的容易被时代遗忘的人。

其实仔细观察我们身边的人，会发现有太多这样的情况：因为怕麻烦，因为满足于自身现状，放弃学习一种新的交流工具或者生活工具，结果冥冥之中就被时间遗忘了。比如说，现在很多中老年人手里拿着智能手机，但也是只会接打电话，不会使用微信、淘宝、12306 等常用 APP，那么如果他想和外地的老友视频，就只能呆呆地等在电脑旁。他所有的生活方式可能还停留在五年前。说这些，我并没有对这些人有一点点的不尊重，只是这样的现象让我提醒自己：首先要勇敢地接受新鲜事物，要不断学习。如果不这样做，说不上哪一刻，我就会变成在车上频频抱怨的司机。其次要把这些新鲜事物教给父母，他们虽然很难再走在潮头，但至少也要能跟得上。

有一次，一个学生跟我请假回家，理由是家里开了个小店，父亲跟他说还想同步在网上开个店，但是不太会操作，想让他腾出一天时间回去教教大人。我给家长打了电话，核实情况后我准假了。也许这个理由确实没那么充分，但是我觉得应该让孩子回去教教他们，家长有这样的意识就是好的。这不仅仅是教会父母在网上开店，这还是教会他们另外一种生活方式。为人子女，帮这点忙是应该的。

提到学习能力，这也是我们在大学里需要着重培养的能力之一。对于年轻的学生们来说，这不仅仅是指学习专业课的能力，生活中处处都需要学习。大多数同学在进入工作岗位后，对学校课本里的专业知识利用不充分，知识利用率不高，那你要依靠什么胜任自己的工作呢？没错，学习！对身边的事物始终保有强烈的好奇心，乐于接受新鲜事物，并且具备区分新事物良莠的能力。这是大学四年里要不断积淀的素质。它是你未来生活中的一盏明灯，它使你远离无趣和庸常，它让你的家人、朋友们更爱你，而你也会更爱你生活的每分每秒。谨以此文与我的学生们共勉。

读书篇

DUSHU PIAN

每一个小人物都有自己的波澜壮阔

了解我的朋友都知道，我特别喜欢一位东北本土作家迟子建女士的作品。这么多年过去了，我几乎读过迟老师公开发表的所有文章。我热爱迟老师笔下普通的东北市井生活，热衷于玩味作品中小人物的欢喜和忧愁。无论文风是早期的清新空灵还是目前的沉郁苍凉，每每掩卷，于我来说都是一场精神上的舒展与放松。《群山之巅》这本书是我在它 2015 年刚一出版时就买回来的。假期回到老家，没带什么纸版书籍，偶然整理书箱子看到它，就又产生了再读一遍的冲动。然而这并不是一本让人感到愉悦的书，连以往作品中充满苍凉的温暖也没有，每每读罢一段，必有一种愁肠百结的情愫环绕于胸，却又让人欲罢不能。书中众多人物的命运像摄魂的美女一般诱惑着仿若痴汉的读者继续"执迷不悟"，还好我早就知道，未必只有快乐和欢喜才是好的，糖吃多了也会腻，偶尔的悲伤和纠结倒是让我们的生活更加圆满了。这也是读书的一大趣味吧。

故事发生的地点是一个叫作龙盏镇的东北边陲小镇。整个故事涉及的人物很多，结构上基本是多线并行的。作者手里拿着多股色彩斑斓的故事链，为我们编织了一幅描绘世俗生活的复杂画卷，为每一个内心孤独且沉默的灵魂奏起了一首悲怆的心灵之歌。作品开篇就描写了一个习惯用太阳火点烟的屠夫辛七杂。屠夫这个职业在文学作品中一贯以充满媚俗和血腥的形象出现，比如《范进中举》里的胡屠夫，《鲁提辖拳打镇关西》中的郑屠，但是辛七杂这个屠夫却是个仪表堂堂、内心饱含温情、充满正义感的人物。他用凸透镜引燃太阳火点烟，他会费尽心力地请绣娘给自己的屠刀刀柄上刻画美丽的花纹，他在屠宰的时候会燃烧艾草，以求用植物的清香之气化解动物污血的腥膻。他的老婆王秀满是一个普通意义上的丑女人，但是却知冷知热，善解人意，体贴入微。这样一个善良的女人却在一场突如其来的家庭争斗中死于养子的刀下。他的养子辛欣来，并非如名字般欣喜到来，而是整部作品中"恶"的代名词。一个魔鬼一样的人物，集合了人类劣性中的所有丑陋，偷盗、弑母、强奸，几乎无恶不作。与这个"恶"相对应的是驱逐和追赶"恶"的安家——法警安平一家。安平是这本书中的另一个主要人物，与辛七杂形成对比的是，他是一个结束罪恶生命的法警。很有意思的是，作者把这两个处在对立面的家庭安排成一个姓辛，一个姓安。由于安平的侏儒女儿"小仙儿"（安雪儿）被辛欣来强暴，法警安平放弃了自己的工作并开始了漫长的寻找。故事以安平寻找辛欣来为主线，围绕着各种人物命运的交错展开。

书中的人物是沉默的，每个人心中都有无数的话能说，但是谁都没有开口，每个人都在用行动向命运发出无声的呐喊。在善与恶的交错中，有时候界限是模糊的。其中，对于安平与殡仪馆化妆师李素贞饱受非议的感情，李素贞在丈夫死后无声的眼泪和封闭的内心，在市场卖煎饼的单四嫂对于前夫单尔冬复杂的情感变化，安雪儿对强奸犯辛欣来或者说是她孩子的父亲所动的恻隐之心，作者都没有正面描写，而是通过一个个人物的表情、着装和与他人的谈话表现出来。这种看破却不说破的朦胧感觉也是值得揣味的。

整个作品的基调是沉闷的，让人觉得呼吸困难。幸好还有诸多自然景观的描写，还有明月清风的陪衬，还有大雪无痕的苍凉，还有鄂伦春人带来的清冽空气，让这污浊的尘世间多了一丝丝透气的裂缝。书中涉及的人物很多，在美与丑、善与恶之间并没有一条明线。被世俗鄙视了一辈子的辛七杂的父亲辛开溜却是全书中最有智慧的人。他始终深爱他的日本籍妻子秋山爱子，即使这在世人眼中是他最大的污点之一。他首开先河，创办了龙盏镇的旧货节，使之成为十里八乡远近闻名的旅游特色。他利用自己丰富的经验帮助辛欣来长期藏匿于警察的眼皮之下。真正的高手往往披着隐形的外衣，迟子建老师塑造的这一形象也颇有一些《天龙八部》里那个名不见经传的扫地僧的意思。

世上的好书有千千万，穷尽一生也读不完。阅读能给人带来无穷的力量和乐趣，希望同学们也能找到温暖自己的一方乐园。在宁静的午后图书馆，捧一本美文，独享一段属于自己的温馨时光。

迟子建的每一部作品我都很喜欢，如果要推荐给同学们，我选择这三本：《额尔古纳河右岸》《世界上所有的夜晚》《白雪乌鸦》。让我们在精神乐园里狂欢吧！我爱你们！

我从历史中走来

这次跟大家分享的这本书叫作《另一半中国史》。说这本书之前，先跟大家强调一下，市面上被称作《另一半中国史》的书有好几种版本，令我废寝忘食、放弃一切休息时间、见缝插针读完的这本是由人民文学出版社在2015年出版的，作者是高洪雷。大家如果想读这本书，要注意看出版社和作者。

如果你遍览我国的历史疆域图，就会发现我们目前这块雄鸡样的版图上由古至今生活着数不清的民族。他们有自己的文字、语言，有自己独特的社会制度。很多民族都建立过彪炳史册的辉煌政权，比如大家耳熟能详的北魏、前秦、辽、元、清等。那些从史书中走来的古老的名字——匈奴、乌桓、鲜卑、突厥、月氏、乌孙、百越，能带给人神奇的想象。这本字数近54万的厚书由23个章节组成，把从古至今少数民族兄弟姐妹们的前世今生悉数道来。民族融合一直是各个民族能人丁兴旺、文化昌盛的不二法门，换句话说，虽然我们的户口本上有着清晰的民族标识，但是千百年来各民族之间互相杂居、通婚，彼此血脉相融，难分你我。比如我，户口本和身份证上民族那一栏里清晰地标注着"汉族"，可我的母亲是一名地道的满族人，类似这种情况在现实生活中比比皆是。经过千百年来的历史演进，我们的血管里汩汩流淌的也许早就融合了农耕民族的温厚、游牧民族的血性和渔猎民族的自由。

中国人乐于修家谱，修族谱。对于自我的追问可能是全人类共同的命题，"我是谁""我从哪里来"也已成为哲学上永恒的思考。在我看来，这本书的科普价值远胜于它的学术价值，在学者的眼里，也许书中的任何一个章节都可以独立成为一个研究项目，在某一方面想要著作等身并不是什么难事。但是，用如此优美的语言对我们的近邻蒙古、中亚各国、越南、缅甸、朝鲜半岛各国等国家的历史渊源进行详细的描述，这样的书并不多。民族宗教问题历来敏感，作者要有极为丰富的史学知识，还要有强烈的社会责任感和正确的政治立场，要敢写，还要能写、会写。这本书用文学性的描述语言描绘出很多我们在通识的历史课本中读不到的"冷知识"：维吾尔族兄弟的祖先是回纥人，比昭君出塞还要早72年嫁到乌孙国的是一名叫细君的女子，而乌孙经过几百年的战争、通婚之后成了现在哈萨克人的主要祖先，目前世界上的匈牙利人有一部分匈奴人的血统，开创了大唐盛世的李氏家族有一半的鲜卑血统。如果你知道这些的话，那些历史书中的人物便会逐渐清晰起来。他们或身量魁梧，或高眉深目，或黄须卷发。他们拿着战刀，穿着胡服，驰骋在大漠草原，往来于丝绸绿洲，共同谱写了绚烂的中华民族史。

在各民族相互交往中，为了在一段时期内维持相互之间的和平稳定，有一项重要的外交手段——和亲。从同学们耳熟能详的昭君出塞到文成公主和松赞干布的传世爱情故事，历史上通过和亲建立良好民族关系的例子屡见不鲜。有很多人对这种形式不屑一顾，认为一个国家的安全和稳定不是用刀剑获得的，而是要靠一个女子的肩膀担负起来，这是莫大的讽刺和侮辱。可我想说，读遍史书，那一次次的征服无不是一部部血淋淋的战争史，满写着挑战人性底线的罪恶。如果没有和亲，有多少个民族会这样在屠刀下消逝。比如曾称霸草原数十载、让四邻闻风丧胆的柔然，比如那显赫一时的花剌子模国，比如创建了后晋的沙陀人，他们最后都随着历史的风尘不知所终。每一个远离故土的柔弱女子带去的不仅有长期的和平，还有绵延不绝的血脉相传。在民族命运面前，个人命运如一滴水之于浩渺的大海，一片叶之于苍茫的林海，有些约略能听到星星点点的回音，更多的则直接沉入到了寂寂无声的时光隧道之中，不为后人所知。下面我借花献佛般地揭开历史大幕的一角，听听远嫁到西北乌孙的扬州女子细君为我们带来的那一曲《悲愁歌》："吾家嫁我兮天一方，远托异国兮乌孙王。穹庐为室兮毡为墙，以肉为食兮酪为浆。居常土思兮心内伤，愿为黄鹄兮归故乡。"思乡之情可见一斑。

也许以严谨的史学观点看，太多的历史事件都有着各种各样的争议，但我更愿意相信那些写满了智慧、忠诚、坚毅的字句，繁衍生息在这片广袤热土上的各民族兄弟姐妹共同谱写了中华民族慷慨、悲壮、豪迈的历史。历史和现实一次又一次地证明：只有各民族牢牢团结在一起，"像石榴籽一样紧紧抱在一起"，形成合力，才能实现共同繁荣。这条规律从古至今从未改变。

王朔的《永失我爱》

　　不管文学评论家们怎么说，王朔在中国近代文坛绝对是一个绕不开的存在。他小说中的男主人公大多是玩世不恭的，时不时会讲脏话，有点大男子主义，骨子里却都是讲义气、重感情的"直男癌"，多少有点北京"老炮儿"的意思。代表作《一半是火焰，一半是海水》里面描写的撕心裂肺的爱情，让我这个早已过了小女孩年纪并且进入婚姻的人再次读过也不禁感到心房震颤。即使这部作品成书于二十世纪八十年代，放到如今也让人感受不到半点时代隔阂。

　　《一半是火焰，一半是海水》太虐心了，比较适合女同学感情受伤后捧读一下，然后大哭一场。别人问你怎么了，你可以擦擦眼泪说小说太感人了，你没忍住。所以我选择了另一本情绪相对和缓一点的作品和大家共同品读，那就是《永失我爱》。虽然这也是一部充满了悲情的作品，可到底悲情之中还透着一丝丝温柔。

　　小说的男女主人公何雷和石静同是一家国营建筑公司的职工。何雷为人风趣幽默，充满正义感，石静聪明美丽，耿直善良。两个人情深意笃，正在装修婚房，准备不久之后结婚。小说的前半部分不长，通过何雷参加单位工会组织的驾驶技能比赛和意外遇到火灾挺身而出赴火场两件事，把男主人公热情、正直、幽默的性格特点描写得惟妙惟肖。这部分的行文基调轻松愉快，仿佛这一对恩爱的小情侣正嬉笑怒骂地站在你面前。

故事的转折发生在二人做完婚前检查之后。何雷被确诊为"肌无力性疾病"，这是一种患者全身的肌肉都将慢慢失去知觉，直至死亡的严重疾病。为了不拖累石静，在经过痛苦的思想斗争后，何雷选择用自己的方法迫使石静离开。他不惜忍痛对石静恶语中伤，不惜受到周围人的道德围攻，制造自己移情别恋的假象。故事的高潮发生在何雷提出分手的第二天，石静提出了唯一的要求——像何雷的正式妻子一样生活一天。那一天，他们置办了新家里的一应用品，石静为何雷穿上了期待已久的婚纱，他们在一起吃了最后一顿晚餐……在整个过程中，两个人强颜欢笑，表面的喜庆下包裹着巨大的悲伤，我从这部分摘选一段何雷的内心独白和大家共赏：

"夜里，石静已经睡熟了，月光下，她的脸上还挂着泪痕。我躺在她身边，感到一阵阵彻骨的酸痛和寒栗。我知道我的脸在一点点扭曲、痉挛、抽搐。我无法控制这种抽搐，绝望地捂上脸，这种抽搐传达到全身。"说起来有点矫情，但是这一段真的打动了我。

自此，何雷顶着负心汉的骂名离开了石静。只有医务室的同事吴珊知道事情的全部真相，她自然而然地成了人们心中何雷的假想出轨对象，她也成了何雷生命旅途中最后的陪伴者。直到石静结婚的消息传来，何雷终于选择悄悄地接受住院治疗，然而他的疾病已经无法治愈了，一个曾经充满活力的生命日渐枯萎。小说的结局同样令人唏嘘，当何雷即将走到生命尽头的时刻，石静出现在他面前，早已失去了说话能力的他连一个表情也做不了，只有一股股泪水沿着他毫无知觉的脸颊奔涌而出。

生命已逝，而爱还在。

这个社会有些浮躁，早前类似"结婚彩礼惊人"的新闻不断被爆出，感情被金钱、地位、学历等附属品装饰着，衡量着，关于结婚是选择"左先生"还是"右先生"的问题也引来了众多评论。我们都是世俗中人，都免不了柴米油盐的纠缠，不管怎样选择，作为成年人，每个人都应该有自己的标准。婚姻问题如人饮水，冷暖自知。你觉得好，那便千金不换，你觉得不爱，纵使他黄袍加身又能如何。现实生活如此残酷，就让我们在文学作品的世界里感受纯爱吧。

感谢有那么多好书温暖着每个孤独、浮躁、悲伤的灵魂。

你连自己都管不住，
还想成为一个很厉害的人？

　　放假回到故乡小镇，脱离了巨大的常规工作压力、熬夜写作的疲乏、柴米油盐的琐碎，生活的节奏变得慢了下来。在这里我能心无挂碍地陪孩子玩耍，读自己喜欢的书，和亲朋好友叙旧。即使没出去阅尽名山大川，日子过得倒也怡然自乐。在此期间看的书就比较杂了，有费孝通先生的《乡土中国》、麦格尼格尔教授的《自控力》等。虽然陆陆续续都穿插着读完了，但是没有刻意要求自己写读书笔记，因为总感觉勉强自己做事反倒失了事情本身的趣味。不过可以和年轻的朋友们一起分享一下《自控力》这本书，希望会对大家有所帮助。

　　这本书的作者是美国人凯利·麦格尼格尔，她是斯坦福大学的一位教授。这本书封底上标明的上架建议把它归类为"心理励志"，封面上印着极具吸引力的营销内容，号称"只需 10 周，成功掌控自己的时间和生活"，但是它其实更像是一本大学老师的授课讲义。我仔细看了一下，全书 22 万字，售价也并不便宜，但在两年时间内翻印了 16 次，由此可见这本书的火爆程度。看完以后，我给同学们的个人建议是：购买之前要三思。理由是，这本书的内容多少有些晦涩，又是从外文翻译过来的，估计大多数同学很难静下心来把它从头到尾看完，售价又不低，束之高阁就太浪费了。看我介绍一下梗概也好。

全书一共分为十章，从意志力是什么、它的生理机能是怎样发挥作用的、大脑对于意志力的控制又是怎样失去作用的、人类的欲望与意志力之间的关系、怎样利用一些简单的方法提高意志力等几个方面讲解了意志力的前世今生。书中收录了大量心理学和神经学方面的典型案例以及麦格尼格尔教授在授课过程中学生的亲身实践。几乎每个人在日常生活中都会遇到意志力挑战，从戒烟到减肥，从减少上网时间到控制自己买打折商品，甚至简单到只是控制自己上课时间不要玩手机。你在"你"与"你2.0"之间不断做着切换和挣扎。不知大家最后升级是否成功，但我确信，即使是最懒散的一批学生也会在某一刻拥有升级自己的愿望，只不过坚持的时间和方法不同而已。麦格尼格尔教授在这本书里为我们总结了一些比较可行的锻炼意志力的方法。我总结一下和大家共享。

明晰三个概念——"我要做""我不要""我想要"。这其中最重要的是位于前额皮质位置控制我们的"我想要"的力量。这部分的细胞活跃，会有力地帮你记住自己真正想要的是什么，从而让你摒弃那些"我要买""我要抽""我要吃"等影响自己目标达成的想法。其中，麦格尼格尔教授告诉我们，提高前额皮质工作效率的有效方法有：锻炼身体（任何你能接受的方式）、每天冥想5分钟（与自己独处）以及保持充足的睡眠。

意志力会像肌肉一样持续减弱，大多数人都是经过一夜休息后意志力最强，那么调整一下自己的时间表，把你认为最难的工作放在上午或你自己认为的意志力最强的时刻。如果在意志力没那么强的时候要面对周围的诱惑，你可以采取降低呼吸频率或者用其他事情分散注意力的方法，不断强化自己"我想要"的力量，以免落进"吃吃吃""买买买"等意志力陷阱。

很多人在接受意志力挑战的时候，为缓解压力，会不自觉地摄取糖分或者咖啡因，但是麦格尼格尔教授告诉我们，从长远的角度看，这并不是一个好方法。它只能让一个人在短期内提高意志力，但是达不到真正的训练意志力的作用。相反，处在压力中的人的意志力会轻易地被这些"安慰食物"摧毁。此刻最佳的选择是坚果、谷物、蔬菜和水果。这类食物既能良好地补充大脑所需能量，又能避免甜食对意志力的打击。

坚信你的意志力要比你想象中强大得多。在完成自己的意志力挑战过程中，你唯一的信念应该是坚持，坚持到无法坚持为止。挺过意志力消耗殆尽的节点，基本上就能冲过意志力的终点了。把拒绝诱惑培养成你的习惯，你的意志力就强大了。

尽量排除一切干扰，只关注自己的意志力挑战目标。要明确很多欲望的产生是大脑中多巴胺分泌所致，并不是因为你真正需要那些东西，用"我不要"的力量对抗脑中不断涌现的多巴胺。

在意志力挑战遇到挫折或阶段性失败的时候，不要进行过分的自我批评，自我同情和积极的情绪会让局面不致失控。学会原谅自己，失去控制力时不要陷入自责和愧疚感当中，而是应该信任自己，鼓励自己，让整个挑战回归正途。

最后，多和一些自控能力强的人交往。人类是社会性动物，意志力也是会传染的。

假期是一个难得的休养生息的过程，希望青年朋友们静下心来，寻找一个属于自己的意志力挑战项目，用这短短的几十天时间，认认真真地完成一个简单的小目标，实现自己在某一方面的升级。再开学后你会很不一样！

闲时读书之《红楼梦》

　　我读《红楼梦》大概有十几年了，记得第一次看到它还是在我初二的时候。当时我的同桌是一个叫李士秋的顽劣男孩儿，他总是会把家里的一些小玩意儿带到班级来玩，比如一把漂亮的小刀、一个锈迹斑斑的糖盒。那一年快放暑假的时候，他竟然从家里拿了一套人民文学出版社出版的《红楼梦》。书的封面是赭黄色的，上面用毛笔行楷写着"红楼梦"三个字。我随意翻看，却不曾想这一翻就是十多个年头。那个叫李士秋的男孩儿早已随着世事推移无处寻觅，可《红楼梦》却成了我的枕边书，始终常伴我左右。这本书让我对美学有了最初的概念。

　　众所周知，这本奇书到现在已经衍生出了一个学科门类——"红学"。各位大家对书中器物、服饰、礼仪、语言特征等细节争相解读，条理清晰，论证充分。我自知才疏学浅，看得又不细，未能提出什么新鲜的理论和观点，但是我对这部书的喜爱从来没有消减过。它教会了我太多带着人性温情的东西，柔软了我的内心。从这部书里，我懂得了温柔地看待那些曾经接纳不了的人和事。《红楼梦》全书讲到近一千个人物，这其中的主要人物也要有几十个，其间人物的嬉笑怒骂、喜怒哀乐全都写得淋漓尽致，笔力深刻。在《红楼梦》里没有性格单一的人，不管是狠毒泼辣的王熙凤，还是趋炎附势、忘恩负义的贾雨村，抑或是猥琐贪婪的贾珍，作者都用一种悲悯和宽容的视角看待。每个人都不是生来就是他成年的样子，他之所以成了现在的他，是因为他的出身、他受到的教育、他遇到的人和事都在一点一点地改变他的成长路线，使他变成了现在的他。曹雪芹告诉我，每个人都有其自身的不得已，不要妄议任何一个在你看来不可救药的生命，因为每个个体都应该是有尊严的，是需要被尊重的。

作者曹雪芹本人有过富贵显赫的童年和少年生活，但因家道中落，他晚年潦倒，亲生骨肉被饿得奄奄一息。生活上的巨大落差并没有让他变成一个愤世嫉俗、仇恨社会的人。如果《红楼梦》这本书就是他的自传体小说的话，那在他的笔下，自己的少年时光都是美好的，洋溢着欢乐和温情。那些大观园里的生命如匆匆过客般在他的记忆中走过，那个爱他、宠他的老祖母，那个文采精绝、傲然于世的林妹妹，那个雍容华贵、仪态万方的宝姐姐。即使他描写的是那些曾经伤害过他的人，你也能感受到他对人物深深的悲悯和宽容。他清楚地洞察了人性中的恶与善，却仍然选择用广阔的胸怀包容了这一切。

我有时候会猜想曹雪芹在写这部书的时候心情是什么样的。少年时的繁华和富贵像梦一样展现在眼前，他写作时一定既感到幸福，又有些许悲凉。他不怀念那些穿在身上的绫罗绸缎、吃在嘴里的珍馐玉食，但是他肯定放不下那一段快乐的时光，以及那些个和儿时的小伙伴一起徜徉在大观园里吟诗作对的明媚午后。

虽然隔了将近二百年的时间，但是你看这部书时会发现其实人与人之间的感情是共通的。虽然时空斗转，但是你能理解那些情绪、那些语言，你和作者之间能够产生巨大的共鸣。这就是我在阅读这个爱好中体味到的最大的幸福。